前戲之王

比猛烈抽插更重要的事，性高潮激愛技巧說明書

前　　言

　　一般人對於前戲都存在什麼樣的既定印象呢？

　　大多數的男性是不是都認為，前戲只是讓女性性器濕潤的一個過程，而性高潮則是因為抽插和射精導致的呢？從生物學的角度來看，性交之於對男性，可說是一種在女性陰道內部射精以留下後代的行為，所以男性對於前戲會存在著這樣的想法，也可說是其來有自，而對於女性來說也是一樣的概念。對生物而言，留下後代是一項重責大任。但為何女性不會像男性那樣，一直沉迷在性幻想之中，也不會因為突然騷動的情慾，而讓自己陷入自慰的窘境呢？這麼說好了，女性的大腦其實不太容易引起性興奮。

　　男性的大腦會因為性荷爾蒙中的睪固酮（Testosterone）而點燃慾火，喚起性興奮。相形之下，女性的性衝動幾乎被大腦掌管焦慮與恐懼等情感的杏仁體（扁桃體，Amygdala）所控制，若要喚起性興奮，部分控制情感的大腦就要停止運轉才行。也就是說，讓女性產生性興奮的結構，並沒有單純到像男性那樣，只要一勃起就會忍不住想要射精。

　　那麼，女性的性慾會不會在熊熊燃燒的情慾驅使之下變得亢

奮呢？

　　答案是不會。這種情況是絕對不會發生的，因為女性是出於本能來追求快感、渴望男人的。然而女性卻無法像男性那樣瞬間燃起性慾，所以男女之間的高潮才會總是擦肩而過，有時甚至為了性事互相憎恨。在女性心目中，性愛最重要的並不是人人渴望的帥哥，也不是成人影片中的硬挺大屌。女性內心想要的，是可以擺脫焦慮與恐懼、令人安心的快感。只要沒有信任為基礎，就無法喚醒沉睡在女性內心深處那炙熱如火的性高潮。

　　而能夠透過行為讓女性感到安心、贏得信賴的，就是前戲。如果想要引導女性進入銷魂酥軟的高潮狀態，就絕對不能省略前戲這個步驟。也就是說只要好好掌握前戲，就能夠讓女性打從心底感到性滿意足、性福洋溢。

　　接下來，我們將在書中盡可能地以淺顯易懂的方式，來為大家解說前戲的技巧。那麼，就趕緊閱讀本書內容，讓自己成為一個能贏得女性嬉笑狂歡、高潮迭起的「前戲王」吧！

　　　　　　　　　　　MANIAC LOVE研究會　　鈴木亨治

C O N T E N T S

CONTENTS

Colums

讓天下女性無法自拔！
關於前戲的技巧，在此傾囊相授

第Ⅰ章

鮮為人知的
女人真心話

一步一步解密女性對於前戲
似懂非懂的真心話！

Chapter.01

一般女性
是如何看待前戲？

請教女性！妳們前戲需要多久？

　　做愛的時候大家覺得前戲與抽插哪一種比較重要呢？

　　讓我大聲地告訴你們吧！就女性的快感與滿意這個角度來看，當然是非前戲莫屬。

　　我們可以從各種問卷結果得知女性對前戲的看法。讀者新聞網站以及女性雜誌在進行調查時，通常也會有相同的問卷內容。而在這些調查當中，會讓女性回答「那是她們這輩子最糟糕的性愛」的，就是「男性自私任性的性愛」以及「毫無任何前戲的性愛」。

　　前者所說的「自私任性的性愛」，指的是沒有顧及女性心情及意願的性行為。例如，明明女性很討厭，但男性就是要霸王硬上弓，強迫對方肛交，或者是女性明明對言語羞辱這種玩法興致缺缺，但男性就是要這麼玩，甚至誤以為女性越痛就越爽而奮力扭腰擺臀⋯⋯諸如此類的情況，都是男性任由慾望放縱的性行為。甚至有的女性在做愛的過程當中，會一直擔心對方打死不肯戴套，會不會害自己不小心懷孕。

　　會這麼做愛的男性，恐怕是受到成人影片（AV）的影響吧！或許有些人會不耐煩地反駁，認為這種說法簡直和「動漫與遊戲會助長犯罪」的論點一樣，根本就是「毫無根據的影響論」。但大家若是和筆者一樣長期接觸情色行業的話，其實就會明白A片這個讓男性對性懷抱幻想的產物，有時反而會使人對性愛產生某種誤解。廣義來說，男性的慾望大致可以分為兩種，一種是「想在女性面前高高在上」，另一種是「想被女性寵愛」。當然，也有人兩種都想要。

　　而扭曲這種願望以滿足廣泛需求的，就是AV作品。這些A片所展開的劇情，完完全全是根據男性觀眾需求而改編的性愛內容。

　　例如過去那些以加藤鷹為代表的、富有個人特色的AV男優，通常都會在作品中以獨特的說話方式來炒熱氣氛，不過最近卻有觀眾反應「會影響自慰」，因此在編輯的時候，都會盡量消除男優在做愛時發

出的聲音。A片有時會因為主題不同而出現言語羞辱等劇情，但一般來講，片中的男優幾乎很少開口說話，因為成人影片可說是以「滿足絕大多數男性心中期望與慾望的形式」所製作而成的「科幻片」。

既然A片是為了滿足男人慾望而製作的，那麼*毋庸置疑*的，這類影片就是讓男性將深藏的性慾傾瀉而出的最佳自慰工具。但是在現實生活中，當女性面對男性這種單方面因性慾而凝聚的「性幻想」時，卻未必會做出相對的回應。反過來說，不少女性反而難以接受男人這種慾望。

「妳的心情我懂，但我不會像A片那樣，做愛的時候只在乎自己爽不爽。」很多男性應該都會這麼說，不過這應該是理所當然的事吧？誰不想好好珍惜女性呢？有誰會不想和女性擁有一場銷魂難忘的激情呢？

既然如此，大家對於「沒有前戲的性事」又是怎麼想的呢？女性渴望的前戲真的有認真進行嗎？

就算是有「認真進行前戲」的人，也要好好回想看看自己在與對方深情親吻、輕揉酥胸，確認對方私處宛如一片濕樂園之後，是不是就迫不及待（這段期間約1分鐘）讓小弟弟登門入室了呢？

正如上述調查結果所示，對女性而言，少了前戲的性愛根本就是一場「糟糕無比」的性愛，幾乎可以和大家自認萬不可行的「自私任性的性愛」劃上等號。本以為可以和女性擁有一場濃情蜜意的激情，卻沒想到換來的是「套路手法和A片沒有兩樣的混蛋」這個差評，實在是太悲哀了。

首先要告訴大家的是，為何女性認為前戲不可省？

那是因為除了心理，女性在生理上也需要前戲。女性性器若是不夠濕潤，男性抽插時就會伴隨疼痛。而「會痛」這件事，豈有開心的道理？

為了讓女性的性器官充分濕潤，做好交合的準備，除了肉體上的反應，心理上的滿足也會大有影響。

此時能夠派上用場的就是前戲。花上充分的時間消弭女性心中的不安及焦慮，進而讓肉體強烈感受到快感的前戲，才是真正讓性愛充滿歡愉情慾的關鍵。

右頁圖表是針對女性渴望的理想前戲時間所做的問卷調查。有趣的是，上下兩張圖表明明是不同報章媒體所做的調查，但得到卻是女

性希望的前戲時間約為「10分鐘以上」這個相同結果。相反地，超過八成的女性似乎認為前戲撐不到10分鐘根本就是「糟糕透頂」。

如此結論，表明了男性在急於得到射精所帶來的快感時，女性反而比較重視慢慢享受專屬兩人的性愛時光，而不是匆匆得到高潮。

●女性希望的前戲時間及喜歡的玩樂方式

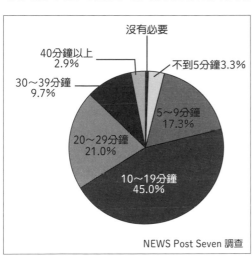

用手指愛撫陰蒂	80.7%
用手指愛撫陰道內部	50.7%
用按摩棒愛撫陰蒂	15.3%
用按摩棒愛撫陰道內部	8.3%
輕舔乳頭	70%
揉捏乳房	52.7%
潤滑液玩法	5.7%
SM 玩法	3%
其他	1.3%

順帶一提的是，有份調查報告指出多數女性喜歡的接吻時間是「5分鐘以內」，占52.3%，其次是「5～9分鐘（25.7％）」及「10～19分鐘（13％）」。只有極少數的女性覺得不需要接吻，理由是她們不想為這件事浪費太多時間。另一方面，關於舔陰，約有50%的女性回答希望在5～19分鐘之內，但是也有22%的人回答其實「沒有必要」這麼做。與親吻相比，必要性顯然低了許多。

●這輩子最糟糕的前戲時間

Chapter.01

女性高漲的性慾
是被荷爾蒙撩起的!?

情慾真的是難耐呀……誰叫我是女孩子呢！

對男性而言，理解女性性慾是一個難題。

因為男性與女性的性慾是不一樣的。

人類的性慾具備了兩種層面，一種是和食慾、睡慾一樣與生俱來的「主要慾望」，另一種是後天養成的「次要慾望」。當然，無論是男是女，都擁有這兩種層面的慾望，只是男性的主要慾望較為強烈，女性則是次要慾望較為強烈。

男性就算沒有性經驗也能夠「因遺精而初次體驗射精」就是最好的證據，但是沒有性經驗的女性私處卻不會突然發生帶有性含義的「濕潤」。對女性來說，性興奮不是生理上的慾望，除非按下喚醒發情的開關，否則她們在性慾上是不會有所反應的。

那麼，女性的發情開關是什麼樣的東西呢？

比方說，女性要是被人握住雙手、或是有人在耳邊低聲呢喃時，性慾就會急劇高漲，因為在與心儀的男性接觸或交談時，女性的大腦通常會放鬆狀態，準備接受發生在兩人之間的性關係。因此輕碰身體或輕聲低語等，為了啟動情慾開關而營造氣氛的行為，其實也算是前戲的一種。

不過話說回來，人類是種一年四季都會發情的稀有動物。絕大多數的哺乳類動物都有固定的發情期，而且只在這段期間進行性行為。但是人類只要大腦與身體做好準備，不需等到發情期，就能夠隨時享受性生活。如此情況，是深受體內產生的荷爾蒙影響而來的。

在睪固酮這種男性荷爾蒙的影響之下，男人這輩子都可以隨時發情，但是女性的性慾就顯得有點複雜了。一般認為女性在20歲至40歲這段期間，性慾與雌激素（estrogen）這種女性荷爾蒙的關係，會比睪固酮還要密切。男女都會分泌睪固酮，而且分泌量會在10幾～20幾歲這段期間達到高峰，之後一直持續分泌到40歲左右。另一方面，雌激素分泌的高峰期為26歲至35歲左右，之後會隨著時間流逝逐漸遞

illustration by 庄司二号

減。這兩種荷爾蒙都能夠引起性慾，但就男女荷爾蒙所擁有的性質來看，性慾的質有可能會因為影響的荷爾蒙不同而出現差異。

睪固酮屬男性化且具攻擊性的荷爾蒙，雌激素則是較為女性化且溫柔平和的荷爾蒙。前者若在女性的性慾中占主導地位的話，就會使其展現偏肉食性的性慾，也就是貪婪且充滿激情的性愛；但若是後者占優勢的話，女性所渴求的就有可能是充滿柔情與愛意、彷彿包容男性的性愛。

女性的性慾為何會複雜到這種地步呢？

因為除了頭部，女性還有另外一個「腦」，那就是女性性器。女性性器是一個非常細膩敏感的器官，研究人員甚至將其暱稱為「臍下大腦」。

之所以將這個部位賦予此名，原因在於女性性器的神經通常會直達大腦。例如陰蒂前端的神經，就與女性大腦的性快樂中樞相連，只要這個部位的神經一受到刺激，爆發的訊息就會立刻傳給大腦，進而促使多巴胺（dopamine）、催產素（Oxytocin）及腦內嗎啡（endorphin）等快樂物質分泌。

對人類來說，這種快樂物質所帶來的幸福感是不可或缺的東西，也是大腦正常運作時必不可少的荷爾蒙。不用說，即使是女性，渴求歡愉的慾望若是高漲，心中的情慾也會跟著騷動。

右頁問卷是針對500位女性的調查結果，當中超過八成的女性，回答她們曾經有過自慰經驗。聽說從前自慰的女性不多，不過這有可能是對周遭耳目相當敏感的她們怕丟臉而不敢坦白，畢竟這樣的女性在當時會被人稱為是「蕩婦」。然而只要一想到女性荷爾蒙，就會明白曾經自慰根本就是一件不足為奇的事。

至於女性是否能藉由自慰得到高潮，答案未必是肯定的，而且據說將近半數的女性高潮還沒來，整場自慰就已草草結束。女性之所以不易達到高潮，其因在於她們並不像男性那樣單純刺激就會興奮，還需要一股可讓心靈得到滿足的安心感與充實感才行。

換句話說，要讓女性感受到至極快感的關鍵，在於藉由呢喃細語及肌膚相親等前戲來誘導女性，這樣才能使其身心朝向性愛之海緩緩游去。

●妳曾經自慰嗎？

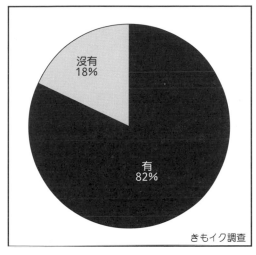

沒有
18%

有
82%

きもイク調査

過去人們以為女性是不自慰的。但是自從女權得到世人認同之後，越來越多女性在性愛這方面態度變得開放，對於自慰這方面的知識也越來越豐富。不僅如此，當下這個時代，女性自慰專用的情趣用品，還能夠在網路商店購買，可見女性對於自慰這件事的排斥感已經相當薄弱。若是有更多女性能享受自慰，進而讓自己更加性感那就好了。

●自慰的頻率呢？

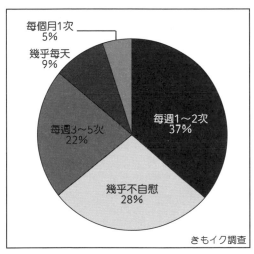

每個月1次
5%

幾乎每天
9%

每週3～5次
22%

每週1～2次
37%

幾乎不自慰
28%

きもイク調査

在上述問卷回答「有經驗」的人當中，約有七成的女性15歲以前曾經自慰，而且當中約有七成現在依舊會自慰。回答「幾乎不自慰」的人，不是對目前的性生活感到滿意，就是長大之後對性的關心變淡了。儘管如此，將近一成的女性「幾乎每天」的回答反倒令人感到有點意外。

未免差太多！
男女的性愛觀

調情也算是在做愛！？

　　長久以來，人們一直以為男人與女人難以理解，明明需要彼此，卻總是擦肩而過，原因在於他們打從一開始價值觀就不同。

　　首先要提的是，男性與女性的大腦發育區域各有不同。在女性的大腦裡，連結左右腦的「胼胝體」（Corpus callosum）比男性的還要粗，因此女性擅長同時處理多項工作，例如一邊煮飯一邊看電視，對她們來說，這根本就不算什麼。不僅如此，女性的「語言運動區」也比男性發達，所以她們在語言上能力亦較為出色。這就是女性會比較重視人際關係與溝通交流的緣故。

　　另一方面，男性的胼胝體比女性的細，左右腦在聯繫上不如女性順暢協調，所以他們比較擅長專注在某一件事上，而不是多方同時進行。但反過來說，男性大腦的「運動皮層」（Motor cortex）這個部分相當發達，空間導向能力也比女性高，所以在看地圖及從事體育等

●女性社交需求高

心理學家馬斯洛（Maslow）認為人類需求可以分為五個層次。在這當中，男性的「尊重需求」比較高，競爭及出人頭地的慾望通常會比較強烈。另一方面，女性則是「社交需求」較高，雖然具協調性，但卻容易受到趨勢影響，從他人身上若是得不到共鳴或認同，往往會非常容易受到傷害。

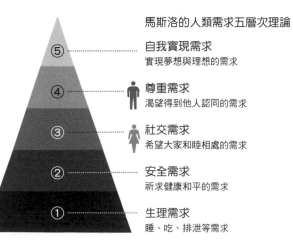

馬斯洛的人類需求五層次理論

⑤ 自我實現需求
實現夢想與理想的需求

④ 尊重需求
渴望得到他人認同的需求

③ 社交需求
希望大家和睦相處的需求

② 安全需求
祈求健康和平的需求

① 生理需求
睡、吃、排泄等需求

●男女的大腦差異

男性	女性
話聽不進去	看不懂地圖
無法並行處理事情	可以並行處理事情
重視結果	重視過程
客觀事實	主觀意見
生理層面不受影響	生理層面會受影響

領域時,通常能充分發揮能力。

　　感情及語言發達的女性通常會比男性還要容易感情用事,對於「獲得共鳴」這件事頗為敏感,這一點在考量兩性關係時非常重要。

　　心理學家馬斯洛將人類的需求分為五個階段,提出了「人類需求五層次」(Maslow's Hierarchy of Needs)這個理論(參照左圖)。在這當中,男性「想被認同」的尊重需求非常強烈,女性則是「想與大家一視同仁」、「想要得到共鳴」的社交需求較為強烈。

　　舉例來講,人家是否曾經被女性埋怨:「你為什麼不懂!?」在這種情況之下,女性往往會對男性強烈表示不滿,但是卻又不肯告訴對方原因。站在男性的立場來看,很多人根本就搞不懂女性到底是在生什麼氣。

　　其實只要不厭其煩、耐心陪伴在旁,女性激動的情緒就會慢慢撫平,因為「陪伴」這個行為是最好的溝通方式。

　　女性的這種想法在性愛這方面也是一樣的。對女性來說,性是一種與伴侶溝通的方式,也是了解彼此心情的手段。這時候只要「被愛」的感覺湧上心頭,她們就會更容易與伴侶沉浸在激情之中。

　　因為《被討厭的勇氣》這本書而一舉成名的阿德勒(Alfred Adler)弟子,德瑞克斯(Rudolf Dreikurs)指出性愛有下列三個功

能。

• •

①生殖基礎

為了留下後代而授予的功能。

②滿足個人慾望的工具

追求感官愉悅的功能，而且通常是單方就能結束的事情，所指的是只支配
自己或者是他人而得到自我滿足的性愛。

③一體化

兩人緊密結合，在肉體上及精神上合而為一的功能。

• •

在這當中，女性在性愛上追求的是③的一體化。無奈男性是一種
隨時都能發情的生物，所以他們往往會把性當成②為了滿足個人慾望
的工具，就算身旁有一個深愛的伴侶，交往時間一久，精神上的結合
通常就會遭到忽略。然而女性交往的時間若是越久，對於感情結合的
重視程度就會超過肉體上的滿足，因為女性在性慾上所追求的，並非
只有性高潮。

阿德勒心理學將女性的這種性慾分為鉅視（Macro，BGM或線香
等刺激五官的領域）、微視（Micro，伴隨擁抱及接觸的領域）以及核
心（Core，性方面的結合）這三個領域。

這個部分最重要的，就是鉅視領域與微視領域。女性做愛的時
候，是不太可能跳過這兩個部分就直達核心領域的。然而男性若是性
慾一來，就會立刻衝向核心領域，試圖射精。

另一方面，對女性而言，光是鉅視與微視這兩個領域，就已經等
同廣義的性行為了。例如當年輕女孩說「我只想要親熱就好」時，便
代表對她們來說，就算只是肌膚相親的微視領域，心情上照樣有做愛
的感覺。總而言之，在女性心目中，兩人在一起的每分每秒就像是前
戲，如此說法其實是一點也不為過的。

Chapter.01

男人點燃女性慾火
應有的心態

「戀愛的ＡＢＣ」三階段是男性的誤解！

　　當有人提到「戀愛的ＡＢＣ」時，大家第一個想到的是什麼呢？不過這個詞已經過時了，說不定有人會一頭霧水，搞不清楚這講的到底是什麼……這個詞主要流傳於80年代的年輕人之間，在當時用來表達兩人肢體的親密程度，算是一種性隱喻。

　　這三個英文字母的意思分別為：Ａ＝親吻、Ｂ＝愛撫（前戲）、Ｃ＝上床。例如在學校和同學聊天時，問對方「你和她進展到哪裡了？」、「昨天進展到Ｂ了喔！」諸如此類的用法。

　　從這ＡＢＣ的隱喻，可以看出男性的想法非常單純，那就是親吻之後接下來就是愛撫，然後上床。這些步驟也不算錯，但僅透過這一連串的動作，就想要表達出男女之間的關係，這種想法也未免太男性本位主義了。

　　如果是處於戀愛中的青少年，那麼初次體驗這些行為應該算是頗有進展；但若是與成熟女性談戀愛的話，那就不能這麼進行了。舉例來講，當兩人的關係已經親密到可以愛撫的話，或許我們會覺得那麼親吻應該不會被拒絕吧？但是有的女性卻回說：「上床可以，但是親吻不要。」特別是不少在外約茶上班的應召女郎，都會秉持著這樣的價值觀，因為對她們來說，「Ａ」並不是讓兩人關係有所進展的第一步。

　　既然是應召女郎，理應會做出相應的性行為；而以男性的角度來看，親吻或許是一件沒什麼大不了的事。然而試問應召女郎理由，絕大多數都會回答：「親吻這件事要和喜歡的人做。」就算是以自己的肉體來服務陌生男子，她們也不願意向這些尋芳客做出，可讓心靈沉浸在滿足之中的親吻行為。

　　為何會出現這樣的情況呢？前文提到，女性在耳鬢廝磨、親熱調情，或者是深情熱吻時，反而會比抽插陰莖這個核心領域，還要容易得到快感及滿足感。

例如心理學相關教材著作頗豐，長久以來一直為無性夫妻進行診療的岩井俊憲所採用的，就是讓無性夫妻配合呼吸、互相擁抱這種療法。據說在治療的過程當中，不少女性表示「得到的滿足感比上床還要強烈」。

可見挑動情慾、使女性把持不住的關鍵，並不是男性自認的挑逗行為，而是讓對方有所感受的愛意與共鳴。此時能夠派上用場的，就是AV男優的心得。

雖然A片中的做愛方式不太有參考價值，但是每天都在和陌生女性床戰的AV男優，根據經驗所累積的心得裡頭，其實包含了在一般男女之間算是相當重要的教訓。或許你會覺得如家常便飯一般，每天都和不同女性上床是一件令人欣羨的事，但就現實而言，這是一件非常不簡單的苦差事。因為對方有可能是任性霸道的女優，有時這些AV男優甚至還得逼自己與個性不合的女性床戰，這其實是一種異常狀態。更重要的是，男優若是被女優討厭的話，那麼這份工作就會做不下去。

在這種情況之下，聽說AV男優在與女優打交道時，通常都會秉持某種態度。協助日本三和出版監修《AV男優入門》的AV男優森林原人，將女性喜歡上對方的心情分成五個階段。

普通⇒不算討厭⇒有興趣⇒喜歡⇒愛上對方

第一印象不用說，常然是「普通」。這個階段的兩個人不是初次見面，就是不常交談的同事或者是同學，因此對方在女性心中算是沒有任何感情存在的階段。

接下來的「不算討厭」所給人的印象是，聊天時不會覺得痛苦，也沒有什麼特別令人討厭的事。雖然女性還無法接受兩人單獨出遊，但並不介意和大家一起出去玩的階段。

一旦進展到「有興趣」這個階段，女性就會開始產生好感。不僅覺得與對方聊天是一件開心的事，對方若是提出約會這個要求時，女性應當也會欣然接受的程度。

一旦跨過這三個階段，女性的心境就會抵達「喜歡」。然而「有興趣」到「喜歡」之間，卻有一片巍然聳立的高牆，想要跨越並不容易。為此，據說森林原人會把目標放在讓女優覺得他這個人「不算討厭」這個階段上。

　　而前面提到的應召女郎如果也能處於「不算討厭」對方這個階段的話，那就應當能夠提供對應的性服務。就算是一般女性，只要門檻不是那麼高，兩人之間也有可能發生一夜情的。

　　可是，一旦落入到連「普通」都不到的「討厭」階段時，那勢必就要攀越過一座難以想像的斷崖絕壁，才有辦法能達到「普通」階段。而想要在這樣的情形之下點燃女性的慾火，根本就是天方夜譚。

　　那麼，要怎麼做才能夠讓女性覺得這個人「不算討厭」呢？

　　森林原人認為要遵守以下的「三不」原則。

・不要邋遢

・不要做作

・不要抱怨

　　「不要邋遢」非常簡單，其實就是認真刮鬍子、好好洗澡把身體洗乾淨、保持口氣清新等非常基本的禮儀。順帶一提的是，在清洗小弟弟的時候，包皮內側也要確實地清潔。就算對方是交往中的女朋友，身體要是臭氣熏天、骯髒不堪，照樣也會惹人討厭的。

　　第二點的「不要做作」，所指的是不要故意裝帥，不要亂說一些平常不會開的玩笑來逗對方，因為這樣的舉動往往會讓對方覺得突兀，有時還會弄巧成拙，讓對方心生戒備。以最平凡的自己與對方相處，這才是重點。

　　最後的「不要抱怨」，所指的是不要動不動就口出惡言。偶爾會看到有的男性在店裡面對店員爆粗口，這樣的舉動看在女性眼裡只會惹來不悅。

　　只要好好遵守「三不」，讓女性覺得「不算討厭」的這個想法就會為你打開心扉。

Column 01

初體驗的意外事實

　　關於性的初體驗，最常聽人說女性之所以會「感覺疼痛是因為破處」。據說，約有四成的女性在初次進行性行為的時候，確實會感覺到疼痛。

　　即便到了今日，人們依舊把這件事當作常識來談，然而女性在初體驗時之所以會感到疼痛，並不是因為處女膜破裂。

　　坦白說，女性在初次體驗性交時所經歷的疼痛，絕大多數都是發生在「身體還對初體驗感到不安或緊張，還來不及做好準備迎接這一切」的時候，對方就已經開始抽插了。但反過來說，即使是初次體驗性交的女性，對於性事照樣可以產生相當亢奮的情緒，只要性器夠濕潤，有的人甚至可以直接達到高潮。

　　舉例來說，有位三十幾歲的女性在接受採訪時，就提到她是在念大學的時候第一次和男友上床的，當時的感覺「與其說是痛……倒不如說像是在宇宙中飛翔」。她還告訴我們，處女膜破裂之後確實會少量出血，但卻完全不會感到疼痛。

　　「處女信仰」在日本可說是根深蒂固，而且色情漫畫還經常出現，女性因為處女膜破裂而感到疼痛及出血等場景。男性若是霸王硬上弓，女性當然會飽受疼痛折磨。但如果能夠在前戲階段就讓女性亢奮不已的話，就算對方是初次體驗性交，想擁有一場銷魂難忘的激情也是不無可能的。

　　不過色情漫畫有個劇情往往讓大家誤會，那就是女性初次體驗性交時，雖然一開始會痛，但會越做越舒服……女性性器一旦感覺到痛，那種痛苦的感覺只會越來越強烈，根本就不會轉變成快感。因此女性要是一感覺到痛，那麼男性就要先中斷，關心一下對方。唯有體貼的男性，才能夠輕易讓女性伸出雙手、敞開心扉。

Chapter.01

女性做愛時
也會演戲！

女性真的都是演技精湛的女演員嗎？

　　有一說：「女性都是天生的演員。」這句話是否意味著，她們會在各種場合之下隱藏真心，於人前展現演技呢？不過女性聽到這句話時，應該會反駁「我才沒有」。

　　但就腦科學的立場來看，如此說法似乎是有根據的。如前所述，女性大腦的胼胝體比男性的還要厚大，助長了她們產生同感的能力。

　　例如哈佛大學有項研究便指出女嬰比男嬰還要善解人意，因為他們發現出生不到24小時的女嬰，在聽到其他寶寶哭聲時，反應會比處於相同條件之下的男嬰還要敏感。

　　打從還在胎內時，女嬰受母親荷爾蒙的影響就比男嬰少，聽覺頻率與能夠聽到的音調範圍也比較廣泛，所以女孩子藉由語氣捕捉情緒的能力，才會比男孩子出色。

　　此外，女性大腦在發育的過程當中，有個階段稱為「幼兒思春

●做愛時妳曾經假裝高潮嗎？

這份問卷調查的來源是某知名女性雜誌，受訪者是一般女性。從回答「有」的超高比例，可以看出女性幾乎都是演技派的演員！

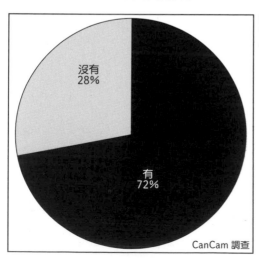

沒有
28%

有
72%

CanCam 調查

期」。女性的大腦在這個階段會分泌大量的雌激素，讓受到刺激的腦部迴路變得活絡，促使掌管神經傳導的神經元成長發育，進而加強觀察力、溝通能力以及體感直覺，讓女性得以掌握察言觀色這個技巧。

雖然女性的大腦具有高度的同理心，卻也容易受到孤獨影響。其實女性大腦原本就是透過社交聯繫，來活絡腦部的快樂中樞。我們常見女大學生在速食店一聊就是好幾個小時，因為此時女性體內正在大量分泌多巴胺與催產素。如此狀況，在神經學上被認為是僅次於性高潮的快感。

就是因為體驗到如此愉悅的快樂，女性大腦才會歸屬社交，以尋求與他人開懷暢談的時間。說得誇張一點，對女性來說聊天就像是毒品。要是找不到對象聊天，就會相當焦慮不安。

不僅如此，女性抑制恐懼的反應能力也比男性差，容易陷入不安的程度甚至是男性的四倍，所以才會有人說女性天生容易感受危險及恐懼。當人類還過著狩獵生活時，女性所扮演的就是守護家庭這個角色。而就生物學來看，女性應可說是不太擅長處理不安及恐懼這方面的情緒。

聊天這個會讓人上癮毒品，讓不少女性認為自己與周遭關係的重要性勝於一切。過於害怕孤獨的她們，往往習慣勉強自己扮演一個符合旁人期望的角色，因此潛藏在她們心中的尊重需求，說不定比會男性還要強烈。

這種情況不僅關乎友誼。不少女性非常懂得察言觀色，而且還會扮演出一個「他人心目中的自己」。既然如此，女性在做愛時應當也會出垻相同情況。當男性問「舒服嗎？」的時候，大多數的女性應該都會回答「很舒服喔」（儘管有些女性會直接回答不……）。

左頁的問卷調查結果清清楚楚地告訴我們，七成以上的女性回答她們上床的時候會演戲。當中最常出現演技的情況，大多是「實際上根本就沒有感覺」、「假裝達到高潮」以及「性趣缺缺，只想早點結束的」等情況，這些都可算是顧及男性心情所展現的演技。以男性的立場來講，或許會覺得自己被騙了；但從女性的角度來看，其實也算是一種體貼。

但女性若是每次上床幾乎都在演戲的話，對於做愛就會變得越來越沒有興趣。本書出版的用意，就是要闡述前戲的重要性，並且介紹實踐的技巧，讓躺在床上的女性不需要再演戲。不過在這之前我們要

先總結幾個要注意的地方，這樣才不會讓女性覺得掃興。

①一上床就馬上要

才剛躺到床上，女性根本就還沒按下開關、啟動情慾。即使此時兩人一絲不掛準備做愛，女性若是還沒做好接球的準備，整場性事就無法炙熱如火。因此這時候我們要先輕擁對方，盡量慢慢配合彼此的呼吸。只要女性能夠感受到溫暖，心中的不安及疲憊，就會自然而然地被你的柔情所融化。

②做愛時不關燈

開燈做愛其實會讓女性提不起性趣。某個心理學實驗結果告訴我們，房間燈光矇矓幽暗反而會比明亮如日，還要容易拉近兩人的距離，讓情意如膠似漆。

③動不動就下指令

明確指示對方「幫我舔」、「妳趴著」的這些話，會讓原本意亂情迷的女性立刻清醒過來。與其透過隻字片語，利用肢體語言等方式來帶領對方反而會比較妥當。

這些注意事項其實比性愛技巧還要來得重要，幾乎算是直達激情世界的入口。或許有人會稍嫌麻煩，但大家要知道，讓女性點燃慾火的那些性愛技巧，其實都是靠小地方日積月累練習而來的。既然如此，何不循循善誘、多加練習，好好掌握讓女性意亂情迷、忘記演戲的第一步吧。

illustration by urute

Column **02**

生理期前會情慾難耐的誤解

　　最常讓男性誤解的，那就是大家都以為「女性在月經快要來潮之前，性慾會變得旺盛」。

　　女性性慾因為荷爾蒙而變得容易高漲的時期其實是排卵前，而不是生理期前。相反地，女性在月經即將來潮的這段期間，其實容易煩躁焦慮，想要與其親密接觸反而困難。

　　也就是說，流傳在男性之間的這個說法，根本就與事實完全相反。要是信以為真，詢問女性要不要一同共渡良宵的話，說不定反而會讓對方的內心煎熬，建議大家立刻修正這個觀念。

　　除了生理期，女性性慾也會因為年齡而變得容易高漲，特別是10幾～25歲以及35歲～45歲這兩個時期。前者是青春期，也就是睪固酮大量分泌的時期，所以女性會非常容易性興奮；至於後者，則是因為雌激素的減少而使得睪固酮的影響相對占了優勢，所以女性的性慾才會變得如此敏感。

　　10幾～25歲是女性對於自己的容貌姣好與否相當好奇、也非常在意的時期。對這個時期的她們來說，性事依舊是一個未知領域，因此不少女性在享受性愛上態度相當開放。至於35歲～45歲的女性，則是外遇的比率會比其他年齡層的女性超出許多，這有可能是因為與丈夫結婚太久，所以才會非常容易被其他有魅力的男性吸引所造成的。

　　女性騷動的情慾雖然令男性難以捉摸，但如果兩人肌膚相親的次數變多，說不定代表對方正在向你求歡。

　　上述情況不過是一個參考指標，但就荷爾蒙與問卷調查數據來看，如此情況應該是一個不容忽視的傾向。

第Ⅱ章

你了解多少呢!?
女性的身體

女性身體與男性截然不同！
在磨練性愛技巧之前要先牢記在心

其實有這麼多！
女性的性敏感帶

沒有體毛的部位通常都是性敏感帶!?

　　每個人的性敏感帶各有不同。而對男性來說，在與女性做愛時，探尋對方哪個部位最敏感也算是一種浪漫。既然如此，這些性敏感帶究竟是分布在女性身體的哪些部位呢？

　　性敏感帶大致可以分為兩種，一種是可直接反應性刺激的一次性感帶，主要是指性器官，例如：女性的陰蒂、小陰脣與大陰脣、乳房及乳頭等部位。不是性器官，但卻非常容易讓人產生性興奮的部位，則是稱為二次性感帶，例如：嘴脣、肛門及耳朵等有開口的部位，或者是臀部、會陰與腋下等皮膚感覺較為敏感的部位。男性的性敏感帶絕大多數都是一次性感帶；不過女性的話就算是二次性感帶，也和性器官一樣具有提高性興奮的效果。

　　當然，靠二次性感帶來達到高潮的情況極為罕見，但對女性而言，達到性高潮的關鍵，在於大腦如何分泌快樂物質，而不是實際的肌膚相親。若要帶領女性享受快感，除了一次性感帶之外，二次性感帶的重要性也不容忽視。

　　既然如此，我們第一個要了解的，就是一次性感帶是如何喚起快感的？人類的五感（視覺、聽覺、味覺、嗅覺、觸覺）各有專屬的受體（感覺器官）與神經系統。性感覺原本就沒有專屬的神經系統，因此一般認為是五感的感覺整合而來的。這就是性「感覺」的部位和程度，為何會隨著情況與個人差異而有不同的理由之一。

　　當中與性感覺關係最為密切的就是觸感，因此觸感受體分布最為廣泛的部位，會是那個人的性敏感帶。在這當中負責擔任性感覺的，是觸覺小體（Tactile corpuscle，或稱邁斯納小體）與環層小體（Lamellar corpuscle，或稱帕西尼氏小體）這兩種受體。

　　觸覺小體的職責是，讓肌膚感受到宛如羽毛輕撫肌膚的溫柔觸感，而環層小體則是對震動感受較為敏銳。順帶一提，最能讓人感受到快感的震動週期是0.8秒間隔。這個週期與陰道達到高潮時出現痙攣

●皮膚感覺敏銳的部位

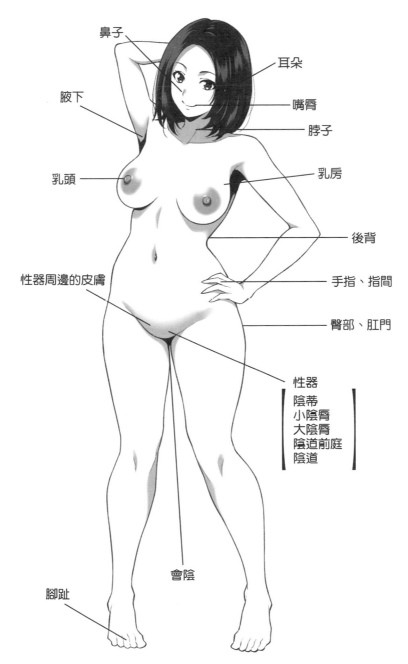

鼻子

耳朵

腋下

嘴脣

脖子

乳頭

乳房

後背

性器周邊的皮膚

手指、指間

臀部、肛門

性器
[
陰蒂
小陰脣
大陰脣
陰道前庭
陰道
]

會陰

腳趾

的週期一樣，真的是非常奇妙。

此外，這些受體也會集中在沒有體毛的敏感部位，例如：陰蒂、乳頭、指尖及舌頭，而且來自受體的快感刺激，還會隨著時間增加而慢慢增強。就受體時間差這個性質來看，多花一些時間在前戲上其實是相當合理的行為。

另一方面，二次性感帶並非只能靠觸覺才可感受快感。像耳朵這個部位會因為摸及舔這兩種不同的接觸方式，而產生不同的反應。有的人耳朵被他人撫摸時，會覺得搔癢無比，這樣的搔癢對某些女性來說是一種快感，但也有女性是靠聽覺，例如舔耳時發出的咕啾咕啾聲而有所反應。

另外，生長環境等心理因素也會形成性敏感帶，例如肛交。男性的前列腺正好位在直腸旁，只要刺激這個部位，男性不需勃起也能夠射精，甚至在無射精的狀態之下達到高潮，也就是所謂的乾性高潮，然而女性並沒有前列腺。直腸內部容易受傷而且敏感這一點男女都相同，但就身體感覺而言，女性在肛交的時候其實不太容易感受到快感。儘管如此，還是有女性喜歡肛交，甚至達到高潮，這有可能是因為這樣的行為本身提高了她們的性慾。至於背後的因素，或許與她們在初次體驗性時，曾經將手指塞進肛門裡，或者與年幼時期的某些經歷有關。

可見一般男性是藉由身體感覺來達到高潮的，而女性則是在各種因素錯綜交織之後，才會形成性敏感帶，當中有些女性就算沒有刺激陰蒂或陰道內部，也照樣能夠達到高潮。這樣的女性絕對不是變態，就算是性癖好極為正常的人，也極有可能出現這種情況，因此女性的性敏感帶可說是因人而異各有不同。

若要探索女性的性敏感帶，最好的方法就是用舌頭或指尖輕撫全身。愛撫時試著從身上的每一寸肌膚輕輕滑過，只要出現反應最為強烈的部位，那就有可能是性敏感帶。

有些部位在輕撫時可能會覺得搔癢，但與性敏感帶不同的是，只要多花一些時間愛撫，女性發出的嬌喘聲就會越來越大。若是會讓人發癢，過段時間之後女性應該會明確告訴你「這個地方會癢」，所以就讓我們積極地在女性身體上探索反應較為強烈的敏感部位吧。

若是出現敏感程度比性器官還要強烈的部位，那就盡量愛撫搔弄。倘若對方耳朵比較敏感，那就一邊用手指逗弄陰蒂，一邊舔耳，

●妳最敏感的部位是哪裡？

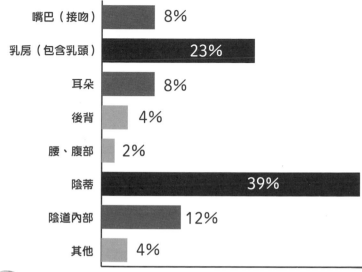

嘴巴（接吻）	8%
乳房（包含乳頭）	23%
耳朵	8%
後背	4%
腰、腹部	2%
陰蒂	39%
陰道內部	12%
其他	4%

With online 調查

在這份詢問一百位成年女性有關性敏感帶的問卷調查當中，「陰蒂」果然不出所料榮登冠軍寶座，而且與第二名的「乳房（包含乳頭）」加起來的比例超過六成。雖說性敏感帶因人而異，但就某個程度來講，還是可以大致掌握到女性較為敏感的部位。

儘量多加刺激這些部位。

除此之外，我們也可嘗試利用不同的撫摸與舔舐的方式，來看看對方的反應是否會有所不同。

探索性敏感帶，就好比為了尋找寶物而到未知的洞穴裡探險。要走哪一條路全由自己決定，所以就請大家多方摸索，試圖從中找尋答案。

濕潤＝慾火焚身
是男性的誤解？

因為女性不開心的時候，私處也會濕潤

「濕成這個樣子……妳還真是好色呀！」

A片中的男優在凌辱戲弄女優的性器時總是會這麼說。因為這個緣故，讓男性都會以為「女性只要性致一來，小妹妹就會變得濕潤」。

女性性器並不是只有在做愛的時候才會變得濕潤，只要是正常的性器官，即使是平時，也會隨時保持濕潤的。

陰道內部呈凹形，容易囤積細菌、病毒及雜質，所以陰道通常會分泌一些體液將這些物質排出體外，好讓內部保持清潔。而俗稱的「愛液」、「淫水」或「妹汁」，所指的就是陰道分泌物。

因為陰道分泌物發揮功能，而將細菌及病毒排出體外的體液稱為「白帶」。白帶分泌量若是過多，就代表有某細菌入侵陰道內部，是感染性病時經常出現的症狀。這個分泌物雖然俗稱愛液，但其實是陰道壁、大前庭腺（Bartholin's gland，又稱巴多林腺）、尿道腺及子宮等部位的分泌物混合而成的，可說是宛如雞尾酒般的分泌物。

這樣的愛液基本上屬弱酸性，但會根據條件的不同而變成酸性或弱鹼性。之所以保持弱酸性，應該是細菌及病毒對酸的抵抗力比較差的緣故。

愛液會變成鹼性主要是在做愛的這段期間，這是為了接受男性的精液以促使受精的一種機制。男性的精液屬於鹼性，所以陰道若是繼續維持弱酸性的話，精子就會因為愛液而死亡。

為此，女性一旦體驗過性興奮，之後在做愛的過程當中，陰道內部就會做好準備，將分泌物轉成鹼性，以便迎接精液的到來。當然，在對方準備抽插的時候，愛液也會扮演潤滑液的角色，讓陰莖能夠順利滑入陰道。換句話說，女性陰道的濕潤機制背後，其實都是各有理由的。

然而男性往往將女性陰道濕潤的機制，單純視為是「慾火焚身」。例如在觸摸陰道之前，若是將手指伸進還不是那麼濕潤的陰道

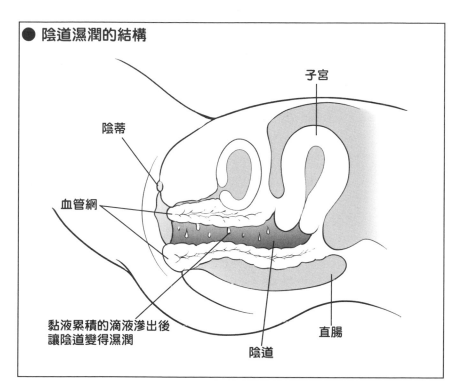

● **陰道濕潤的結構**

子宮

陰蒂

血管網

黏液累積的滴液滲出後
讓陰道變得濕潤

直腸

陰道

內的話，陰道就會開始變得濕潤。此時變得濕潤有兩種可能。一種是陰道將手指視為異物，另外一種就是將其視為是提高性興奮的工具。倘若是前者，別說快感了，這樣的做法只會讓女性覺得不適。這個時候男性若是以對方「已經濕了」為由，而試圖霸王硬上弓的話，恐怕會難以讓女性得到快感。無奈的是，我們根本無從判斷女性陰道濕潤，究竟是何種原因。此時能夠摸清狀況的關鍵，在於手指伸進陰道前的愛撫階段，陰道口是否已經充分濕潤。

另外，要是遇到的是一個不管怎麼挑逗調情，陰道就是不會濕潤的女性，那麼對方有可能是因為壓力過大或者是過於不安，有時甚至是性慾障礙（HSDD）所造成的。所以當我們遇到女性陰道遲遲無法濕潤時，就別硬是繼續愛撫，而是要互相擁抱，盡量讓對方放鬆心情才是。

女性慾火焚身的前兆是這個！

不是演戲的真高潮是什麼？

　　如同第24頁所述，女性在做愛的過程當中，會因過於在意男性而假裝高潮。這對受到亢奮情慾影響，而無暇顧及他人的男性而言，看穿女性是否在演戲假裝高潮，是一件難度頗高的事。

　　「讓對方真正感受到性歡愉」這件事，原本就比「看穿對方的演技」重要，但若沒有憑據判斷女性是否正在享受性愛的話，坦白說，男性根本就無從應對。

　　舉例來說，A片等作品常能見到女優達到性高潮的模樣，但不可否認的是，如此反應往往會參雜演技。由此可見，看穿女性是否情慾亢奮其實並不容易。話雖如此，每次上床若是一直問對方「爽嗎？」，又會讓慾火好不容易燃燒起來的女性，感覺好像被潑了一盆冷水。

　　在這種情況之下，最能夠派上用場的就是女性性器的反應。雖然比不上「眉目傳情」，但除非對方具備特異功能，否則性器官的反應是沒有辦法憑演技表現出來的。

　　首先靠觸感能夠掌握的，是性器官的濕潤程度。第34頁提到，性器官濕潤的情況有兩種，因此我們可以以此為指標，進而推測對方是否已經燃起性慾。不過，性器官的濕潤程度與性興奮並沒有多大的關係，加上每個人愛液的分泌量差距甚大，從十毫升到數十毫升都有。就算愛液如潮水洶湧而來，也未必代表對方已經興奮到快要失控就是了。

　　接下來容易掌握情況的是陰蒂。女性的陰蒂相當於男性的陰莖，只要一興奮，就會充血勃起。剛開始還很柔嫩的陰蒂一旦變得硬挺，就代表女性已經進入興奮狀態了。

　　至於陰道內部的反應，如右頁所述，只要性經驗累積到某個程度，自然就會明白對方是否已經興奮。特別是當陰道收縮的情況變得越來越明顯時，男性就能夠以此為雷達，一邊將手指伸入陰道內，一邊探索女性最為敏感的部位。

●性器官呈現的女性快感反應

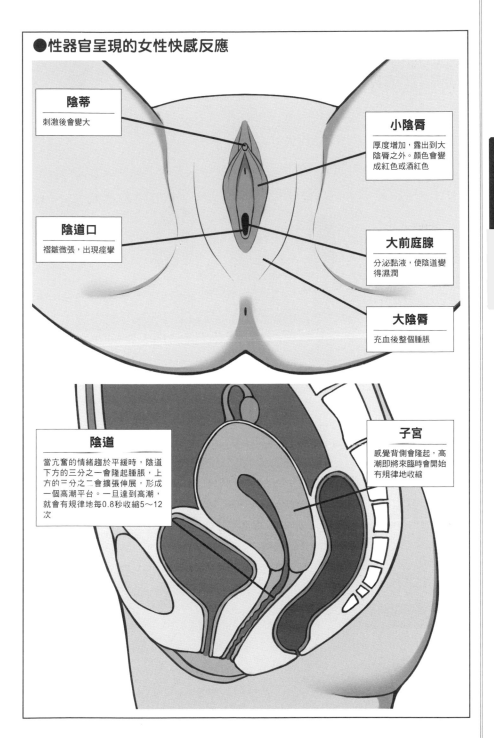

陰蒂

刺激後會變大

小陰唇

厚度增加，露出到大陰唇之外。顏色會變成紅色或酒紅色

陰道口

褶皺微張，出現痙攣

大前庭腺

分泌黏液，使陰道變得濕潤

大陰唇

充血後整個腫脹

陰道

當亢奮的情緒趨於平緩時，陰道下方的三分之一會隆起腫脹，上方的三分之二會擴張伸展，形成一個高潮平台。一旦達到高潮，就會有規律地每0.8秒收縮5～12次

子宮

感覺背側會隆起，高潮即將來臨時會開始有規律地收縮

可見性器官的反應是無法靠演技來掩飾的。只要確定對方已經燃起慾火，男性就能夠以此為根據，進入前戲，擬定後續的戰略，因此大家一定要牢記在心。

性器官以外能夠掌握快感的跡象

接下來要介紹的是除了性器官的反應，其他一些容易掌握到對方是否達到快感的跡象。

首先是性潮紅（sex flush）。這種現象乍聽之下會讓人以為是某個英雄人物的必殺絕招，其實這是一種上腹部皮下組織的血管，因為舒張而導致肌膚出現紅疹的現象。墜入愛河會讓人臉紅，性慾高漲時則是腹部會發紅。若是連乳房上部也跟著泛紅的話，就代表對方已經相當亢奮了。

當亢奮的情緒朝向性高潮急速攀升時，腹部肌肉就會變得僵硬，手腳甚至出現輕微痙攣。如此情況意味著高潮就在眼前。

下表中列舉了幾個女性真正感受到高潮的跡象。這些都是我們在獨家訪問時，女性回覆的答案，應當可供大家納入參考之中。

順帶一提，幾乎所有男性都會認為人若是越亢奮，嬌喘聲就會越大。但是根據我們採訪的結果，發現有的人喘聲反而會變小。關於呻吟嬌喘，女性其實很容易含糊帶過，就參考來講，或許價值不大。

●亢奮時的其他舉動

緊閉雙眼	發出喘息聲
渴望熱吻	緊抓雙手（床單）
雙腳纏腰	背部弓起
眉頭深鎖	汗流浹背
手摀著嘴	雙腳用力
痙攣顫抖	用嘴巴呼吸

Column **03**

春藥真的有效嗎？

　　現今是個只要上amazon之類的網路商店，就能夠輕易買到春藥的時代。A片及色情漫畫總是形容它效果極佳，女性一旦吃了春藥，就會變得意亂神迷，情難自禁……如此場景，屢見不鮮。

　　那麼，春藥在現實生活中究竟能發揮多少效果呢？在採訪某家中藥行時，店家告訴我們：「沒有那種可以讓你一吃就性慾高漲的藥物。」既然如此，那市面上流傳的春藥不就全都是假藥了？不，話也不是這麼說。

　　「那些號稱是壯陽藥或春藥的東西，是以中藥調製而成的，能夠補血益氣，增強精力。一般來說，我們都知道大蒜與鰻魚能夠補腎壯陽，而當今市面上這些聲稱可以壯陽的商品，其實就和這些食物一樣，只能當作補品來吃，對大腦並無法直接產生作用。這種情況就好比生薑能夠有效治療各種感冒症狀，食物中所含的壯陽成分，有時會因為個人體質關係發揮出極大的效果。既然吃這些東西不會危險，那麼多方嘗試其實也是無妨。」

　　換句話說，儘管現在市面上流通的春藥沒有立竿見影的效果，但是有人在服用之後，情慾確實因此而高漲。就算這些食品並沒有實際療效，但在所謂的安慰劑效應（placebo effect）之下，有些人會覺得這些東西應該會「發揮效果」，並且將其當作藥物來服用，結果真的如願達到期望的功效。例如情侶若是開玩笑地服用這些春藥的話，女性應該會滿懷期待地想像「等等說不定會上床」，而使得情慾開始高漲。這說不定就是春藥所發揮的效果……。

　　但無論如何，春藥應該是不太可能讓人一上床就立刻開始激戰的……。

必須事先掌握的
乳房構造及基本知識

形成乳房的乳腺祕密

　　乳房在男性心目中是母性的象徵，同時也是一份來自上天、充滿性吸引力的禮物。但是很多人卻只知沉迷在它的外形、顏色與豐滿程度，對於乳房的實際狀態恐怕是一知半解。甚至有人認為「這只不過是一塊脂肪而已」，可見男性對於女性的身體的認知，根本就是用管窺天、見識短淺。

　　的確，乳房有90％的部分是由脂肪組織所構成的，剩下的10％則是乳腺，而實際上，這些乳腺就是決定了乳房大小的主要構造。一般來說，乳腺豐富的乳房較為硬挺，尺寸通常會偏大，稱為乳腺型乳房，以歐美女性的乳房來說，就是這樣的類型，外觀就和球一樣渾圓。

　　相反地，亞洲及日本女性絕大多數都是脂肪型乳房。這種乳房的皮下脂肪會比乳腺還要多。平躺時只要乳房會朝左右外擴，那就是脂肪型乳房。

　　隨著脂肪與乳腺的分布狀態不同，女性的胸型有著許多不同的型態，主要可以分為右頁插圖所描繪的這幾種類型。雖然常聽人說梨型乳房，不過從右頁的分類，可以得知這種類型的乳房，還可依下垂程度加以細分。但是站在男性的立場來看，大多數的人應該都是比較偏好歐美女性的那種乳腺型乳房吧！

　　接著是乳房的硬挺程度。不僅是乳腺的多寡，胸大肌也有關聯，尤其是乳房懸韌帶（Cooper's ligaments）特別重要。也就是說，這條韌帶扮演著將乳房往上吊的角色。這是一條韌性非常強、不會輕易斷裂的韌帶，只要遇到乳房突然膨脹，或者是做一些激烈的上下運動時，這條韌帶就會跟著伸展。乳房懸韌帶斷裂有時會發生在生產的時候。懷孕期間乳房會變大是眾所周知的事實，但是乳房懸韌帶要是在這段期間斷裂的話，產後乳房就會變小，完全失去彈性。除非進行豐胸手術，否則乳房是不會恢復原狀的。

●乳房類型

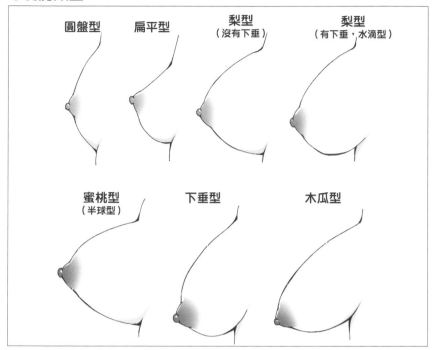

圓盤型　扁平型　梨型（沒有下垂）　梨型（有下垂，水滴型）

蜜桃型（半球型）　下垂型　木瓜型

　　正常來說，女性的乳房都會隨著年齡的增長而或多或少地變小，之所以會有這樣的變化，成因並不是只有胸大肌的衰退。以乳腺來說，原本就是因女性荷爾蒙雌激素（濾泡刺激素）的影響之下才變得發達的，所以一旦雌激素的分泌量，隨著年齡增長而逐漸減少，那麼女性乳腺就會隨著分泌量減少的程度，而有不同程度的萎縮狀況。

　　乳腺一旦有萎縮的狀況，脂肪在乳房構成要素中的占比就會增加；而當脂肪比例一增加時，乳房的形狀就會難以維持下去，甚至還會開始有慢慢下垂的危機發生。

　　乳房就是這樣，充滿了不為男性所知的內幕。越常揉捏就會變得越大根本就是天方夜譚，要是刺激過頭的話，反而會讓乳房懸韌帶失去彈性呢。

乳房 G 點「Spence 乳腺」

　　大家是否曾經聽過近年來在AV業界引起話題的「Spence乳腺」呢？這個部位又稱為「乳房G點」，聽說只要好好開發，光靠乳房就足以讓女性達到高潮。不過Spence乳腺並不是醫學上公認的名稱，在詢問某內科醫師時，對方也提及他「從未聽過這個名字」。

　　既然如此，這個說法是否不該輕信呢？週刊POST（2017年11月4日）有篇文章提到，曾經因為Spence乳腺而達到性高潮的AV女優表示：「她們剛開始一聽到有人說『只要愛撫乳房就會達到高潮』時，心中原本是半信半疑。但實際按摩過後，卻發現從乳房內部到背後會有一股蠢蠢欲動的快感，感覺就和陰蒂或G點等部位受到刺激挑逗一樣舒爽。」

　　而在詢問其他實際演出同類影片的AV女優時，大家也認為「那個部位真的很舒服」。看來這是一個尚未得到西方醫學闡明、算是全新領域的性敏感帶。

　　對照醫學文獻，會發現這條Spence乳腺似乎與淋巴腺及血流有關，但是真正的關係尚未得到明確解說。不過AV女優在非正式的採訪中，均紛紛坦承這個部位確實讓她們「感覺非常舒服」。就這一點來看，這個部位的今後發展應當值得拭目以待。

　　如同右頁所示，女性從乳房側面到腋下這個部位會特別敏感。據說這個部位也是乳腺聚集的地方，所以在受到外來刺激的時候會特別敏感。

　　順帶一提，前述的AV女優告訴我們，這個部位在愛撫時剛開始會覺得「搔癢」，但是過了一段時間之後，「快感」會如同海浪來往襲上心頭，讓情慾隨之高漲，最後達到高潮。

　　關於Spence乳腺至今依舊謎團重重，難以斷言這個部位就是性敏感帶，但就上述情況來看，不正代表這個論點有實踐的價值嗎？

　　話說回來，潮吹這種現象也是來自A片，在研究上尚未有所進展。不過刺激Spence乳腺這個方法，日後說不定會變成讓女性達到高潮的常用性愛技巧。

● Spence 乳腺的位置

Spence 乳腺

這一帶
特別敏感！

引發一連串謎團的陰蒂奧祕

神祕的陰蒂探險之旅

女性最在意的性敏感帶是陰蒂。既然陰蒂可以將刺激得來的快感直接傳給大腦，如此特別的器官在前戲這段期間應該可以稱為王道吧。

既然如此，那麼陰蒂這個器官是為了什麼而存在的呢？關於這點眾說紛紜，不過在這些當中，以「是人體內唯一為了性興奮而特殊化的器官」這個說法最為有力。最先提出類似說法的是湯瑪斯・巴多林（Thomas Bartholin），也就是發現大前庭腺（巴多林腺）的卡斯帕・巴多林（Caspar Bartholin）的父親。

湯瑪斯・巴多林是丹麥籍醫師，在17世紀以《解剖學》（Anatomia）這本著作而聞名。他在這本書當中刊載了陰蒂的解剖圖，並且記述如下。

「無論位置、性質、結構、多血質及勃起部位，皆與男性的陰莖類似（中略），故為女性的陰莖。」

陰蒂確實與陰莖非常類似。舉例來講，陰蒂平常包裹在包皮裡，一旦興奮就會勃起，這點簡直與陰莖一模一樣。就連內部也是由陰蒂海綿體所組成，結構與陰莖一樣會勃起。由此我們可以推斷，湯瑪斯・巴多林的理論在某個程度上其實是可信的。

自此之後，陰蒂這個充滿謎題的器官，開始被許多解剖學家所提起，古羅馬時代的希臘醫學家蓋倫（Claudius Galen），也主張這個器官「能讓女性對性行為產生慾望，性交時在舒展陰道上多少能派上用場」。到了17世紀，人們紛紛朝這個方向積極研究陰蒂。

但由於陰蒂被定義為「只為得到性興奮的器官」，使得這方面的科學研究，因為視性愛為禁忌的基督教觀點而停擺。從當時頗具權威的宗教立場來看，陰蒂可說是一個罪孽深重、令人深惡痛絕的器官。

為此，即便到了今日，陰蒂依舊爭議不斷。有人主張「陰蒂是退化的陰莖」，有人則是對此提出異議，因為陰蒂在功能上雖然與陰莖雷同，但是內部形狀卻截然不同。

　陰蒂的內部呈Y字型，根部分布在恥骨一帶，因此有些學者認為這樣的形狀其實說明了，陰蒂與陰莖這兩種器官地位未必相等。

　雖然與陰蒂有關的爭議從沒有停止過，但這顯然是一個會「強烈產生性慾的器官」，似乎也是生物不可或缺的器官。而且除了人類之外，鳥類與鱷魚等其他物種也有陰蒂這個器官。

　不僅如此，物種上被視為是最接近人類的倭黑猩猩，更是非常積極地利用陰蒂。倭黑猩猩的陰蒂比人類的還要長且突出，勃起時尺寸至少會超過2倍。據說母猩猩有時會用陰蒂插入同性的性器官中，而且還會利用陰蒂來自慰。但是除此之外，就幾乎沒有什麼其他使用目的。

　由此來看，即便是人類，陰蒂也算是關係與性最為密切的器官（因為陰莖的這個器官還身兼排尿功能）。

　正因為陰蒂是這樣的器官，所以會極為敏感便是可想而知的事。過去曾經有人對陰蒂進行電流刺激實驗，結果發現微電流所帶來的快感反而比強電流還要強烈。這種實驗的例子為數不多，無法一概而論，但是所有的性愛指南書均提到「要像用羽毛輕撫般來挑逗」，可見陰蒂的敏感程度是陰莖無法比擬的。

　既然陰蒂是這樣的「性器官」，那麼當我們在進行前戲的時候，勢必要刺激這個部位才行。陰蒂碰都還沒有碰就急著將陰莖抽入陰道中的行為本身，其實可以說是一種違反人類生態的舉動。

男女對性的態度
為何會有落差!?

日本女性討厭做愛？

　　無性伴侶這個問題在日本是個談論已久的話題，起因就在於「女性在性愛上態度冷淡」。

　　根據網路新聞「SIRABEE」所做的一份問卷調查結果指出，約有八成的男性回答「喜歡做愛」，然而回答「討厭做愛」的女性實際卻超過六成，情況幾乎可說是完全相反。

　　另外，就年齡層來講，回答「討厭」的女性人數低於五成的，就只有30幾歲這個年齡層，20幾歲及40～60幾歲的女性大致在六成以上。雖然男性不太可能只和三十幾歲的女性上床，不過這樣的結果卻形成了相當鮮明的對比。

　　照這樣說來，女性真的討厭做愛嗎？

　　著有《女人的大腦很那個……》（The Female Brain。平安文化，2008）的神經心理醫師露安・布哲婷（Louann Brizendine），便提到

●妳喜歡還是討厭做愛？

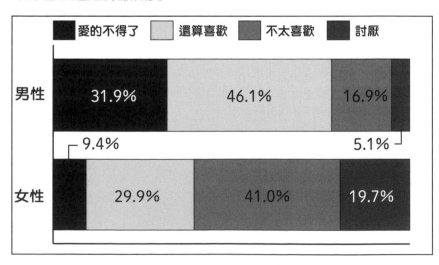

「女性對於性行為也未必就討厭」。在男女大腦這個器官裡，處理性的部位大小相差至少兩倍，所以男性才會無時無刻都在想著做愛這件事，而女性一天頂多想到一兩次。換句話說，男性就只是單純過於貪戀性愛這檔事罷了。

不僅如此，也有研究結果表示，男性的陰莖若是因為充血而勃起，進而給予刺激的話，就會機械式地射精並且達到高潮；相形之下，無論情況如何，女性通常都不太會達到高潮。也就是說，絕大多數的女性未必會因為做愛而得到性滿足的。

大家可以反過來想想看，假設男性射精的時候完全不會感到舒爽的話，那麼這樣的舉動，就只會變成為了排出精子的義務行為了。

女性討厭做愛的原因之一，是不是她們還沒有體會到性愛的魅力呢？當然，有的人是因為性愛恐懼症以及性交疼痛等症狀而無法做愛，但是若能讓大多數的女性切實感受到性愛的美妙，照理說多少都會喜歡做愛。

只可惜醫學在女性性滿足這方面研究進展並不大。儘管大眾媒體不斷地在進行問卷調查，但是科學家對於這些調查的態度卻非常冷淡。

如此情況從上述提及的陰蒂研究幾乎是顯而易見。前文提到的露安‧布哲婷便指出，近年來的解剖學教材雖然有幾頁談到陰莖，但卻不見任何篇幅提及陰蒂。這個器官如此神祕，但是與其有關的研究，卻比陰莖晚了至少好幾十年。過去成功生產威而鋼（Viagra）的輝瑞大藥廠（Pfizer）曾經花了八年的時間，致力為女性開發讓陰蒂更為敏感的藥物，但最後還是無法如願開發出能夠有效幫助女性提振性慾的藥物。時至今日，被稱為「女性陰莖」的陰蒂構造，依舊籠罩在神祕之中。想要闡明女性的性事，看來還要需要花上一段時日才行。

未免差太多！男女的性反應

不過，之後卻有人針對男女差異大如斷層的性反應著手進行研究，那就是美國的婦科醫師威廉‧麥斯特（William H. Masters）及心理學家維吉尼亞‧強生（Virginia E. Johnson）。這兩位最令人驚訝的舉動，就是他們招募了志願者，讓夫妻在小房間裡進行各種性行為，經過一番仔細觀察之後，進而發現男女在性反應上有一定的週期

（Sexual response cycle）。

右表就是麥斯特與強生研究小組所記錄下來的男女性反應。整個週期從興奮期開始，高原期過後會抵達高潮期，最後則進入消退期（亦可視為「賢者時間」）。男女最大的差異，就是在進入消退期之後，男性的性興奮程度會急速消退，但是女性的性興奮狀態卻會繼續持續一段時間。

性經驗豐富的人或許會覺得這種情況根本就是「理所當然」，然而想要經過這四個階段，卻必須先度過一個大關卡。

這個關卡就是女性大腦的杏仁核（扁桃體，amygdala），杏仁核是感覺不安及恐懼的中樞神經，據說其在女性大腦裡發揮的作用相當強大。相反地，男性分泌的睪固酮不僅是女性的好幾十倍，加上杏仁核的功能又弱，所以男性對於不安及恐懼才會如此遲鈍。

杏仁核的作用如果無法減弱的話，女性就會很難產生性興奮。而女性們就是因為飽受男性無法理解的不安及恐懼所折磨，所以才總是對「是否該扣下扳機以引發性慾」這件事感到猶豫不決（舒緩不安及恐懼的方法請參照第52頁）。

不僅如此，女性在進入右表這幾個階段之前，花費的時間往往會比男性多上3～10倍。有時就算男性已經進入高原期，龜頭也分泌出黏滑的尿道球腺液（考伯氏腺液），女性卻還在興奮期的入口遊蕩……這樣的情況也是極有可能出現的。男女性反應的時間差就是這麼大，因此為了滿足女性的性慾並給予快感，男性花在挑逗刺激女性的時間，最起碼就要比自己感到興奮的時間多上三倍才行。

照理來說，男女感受快感的時間差，應該會大大影響彼此之間對這場性愛的滿意度。男性要是只顧及自己亢奮的情慾，就逕自從插入一路進展到射精的話，當女性好不容易點燃慾火開始興奮的時候，男性恐怕早就已經結束射精，根本還來不及讓女性達到高潮期，自己就已經進入消退期了。

這樣的情況只會讓男女在性愛的感受上不同調，根本無法讓女性感到滿足。

正因為如此，所以前戲對於男性與女性才會顯得如此重要。因為有了前戲，就能夠讓女性心中的不安及恐懼得到舒緩，進而讓對方變得更興奮。只要透過前戲的技巧，讓女性提前一步進入高潮期的話，此時陰莖的抽插就一定能讓對方感受到快感。如此一來，絕對能讓女

●男女做愛時的反應

	女性	男性	男女共同現象
興奮期	陰道分泌潤滑液 陰蒂勃起 小陰脣腫脹 陰部腫脹	陰莖勃起 陰囊表皮收縮 睪丸往上提	皮膚出現性潮紅
高原期	小陰脣與陰道變紅 陰道壁收縮力道變強 陰道腫脹 子宮收縮往上提	睪丸繼續往上提 分泌尿道球腺液	骨盆周圍肌肉開始收縮 血壓上升、脈搏加快、呼吸急促
高潮期	陰道括約肌、會陰、陰道內部有節奏地收縮	射精3～7次，時間間隔約0.8秒	骨盆周邊的肌肉規律性地收縮 血壓上升、脈搏加快、呼吸急促
消退期	性器官充血及腫脹消退	陰莖恢復原狀睪丸下降	全身充血消退，肌肉不再緊繃 血壓、脈搏及呼吸恢復平靜

性發現到性愛的迷人魅力。

因為和女性心理、身體相關的知識，都可以被運用到前戲技巧當中，所以請大家務必要牢記在心。

潮吹真的會舒服嗎?

潮吹在A片中早就已經成為基本的玩法了。

AV女優的潮吹方式可說是因人而異,有的人會像拋物線一般地噴出水來,有的人則是像間歇泉那樣,會分次少量少量地噴出。

因為男性在性愛方面都是充滿實驗精神的,所以應當會有人懷抱著想像,希望「自己有一天也能夠讓對方潮吹,達到高潮」。

不過關於潮吹的結構,到目前為止都沒有一個明確的定論。加上釋放液體的部位並不是陰道口而是尿道,因此有人推測這或許是一種與尿液相近的分泌物,只是成分稍有不同,而且無色透明、毫無氣味。因此以現階段來說,還無法斷言這項分泌物就是尿液。

此外,雖然一般來說潮吹通常都會伴隨著性高潮,但嚴格講起來,有些女性就算沒有高潮,照樣還是可以潮吹。在訪問AV女優的時候,她們幾乎一口咬定「潮吹與高潮根本就是兩回事」。因此潮吹的成分與功能幾乎可說是充滿謎題。

而更令人不解的是,有些女性根本就無法潮吹。並不是刺激G點就可以讓所有女性潮吹,有些人不管你花多少時間,無法潮吹就是無法潮吹。

因此能夠演出潮吹片的AV女優為數不多。就算她們潮吹時可以讓床單整個濕透,但有時也是會無法潮吹的。

可見做愛的時候潮吹並不是必要玩法,如果硬要女性潮吹的話,反而會讓對方覺得痛苦,好不容易點燃的慾火極有可能因此而被撲滅……要記住,會不會潮吹是要看個人體質的。

第 **Ⅲ** 章

這樣做你也能成為前戲王！超實用性愛技巧

磨練性技的時機終於到了！
看了這一章，就能征服性海、希望無限!!

營造一個讓情慾
容易一觸即發的環境吧！

別讓對方忐忑不安是關鍵！

　　男性「霸王硬上弓」與「射後不理」，是女性討厭做愛的理由之一。因為男性追求的是肉體上的快感，女性重視的卻是感情、溝通以及氣氛。

　　而使其心靈得到滿足的關鍵，在於營造一個讓女性沉溺於性海的環境。

　　那麼，接下來先讓我們複習一下何謂女人心吧！心理學上有時會不分男女，將人類分成「滿足者」與「感受者」。而以下所列舉的，就是這兩種人的行為模式特徵。

●滿足者（男性）的行為模式
・富狩獵性，瞄準目標，採取行動
・以目標為指向，努力實現計劃
・重視效率及時間
・若不追求目標，就會覺得乏味

●感受者（女性）的行為模式
・屬農耕性，採取經營行為
・就算訂好計畫，依舊重視過程
・現況重於效率
・就算沒有目標，依舊樂在其中

　　這個分類只不過是一個參考指標。就算是女性，也有人是「滿足者」；而男性當中，也有人是「感受者」，這都是不可否認的事實。但就大腦的性別差異來看，絕大多數的男性應該都是屬於「滿足者」，而女性則是以「感受者」居多。

　　如上所述，男性會朝向目標勇往邁進，但女性卻是在進行的過程

illustration by 紅威ヨル

當中，慢慢享受各種樂趣。做愛的時候也是一樣，她們的目的不是達到性高潮（＝目標），而是享受性愛（＝過程）。以男性的立場來看，或許會覺得這種心態有點自私。但是男性若是真心想要滿足女性，做愛時勢必要營造一個讓對方沉溺於性海、樂不思蜀的環境才行。

　　話雖說的簡單，女性渴望的性愛環境卻是千差萬別，根本就無法一概而論。但不管對方是什麼樣的女性，有一點男性務必要好好遵守。那就是別讓女性感到不舒服。AV男優森林原人提出了下列三個基本原則。

①別讓對方感到疼痛

　　做愛時最令女性感到討厭就是疼痛。導致這種情況發生的原因，不僅是陰莖與女性性器的大小不合，愛撫時的力道也要注意。

　　女性性器一旦感到疼痛，就算塗滿潤滑液，疼痛也不會就此消除，調適能力可說是比陰莖還要差。

②善加溝通

　　至於這一點，關鍵在於簡單溝通。例如當女性感到疼痛的時候，要是脫口說出「對不起」的話，對方就會下意識地認為你是故意的。所以此時要換個充滿感謝之意的說法，告訴對方「謝謝妳忍下來」。女性對你的印象會不會大大改變，就看你說不說得出這句話了。

③隨時保持清潔

　　這件事其實自不待言。別說是刮鬍子、消除體臭了，習慣抽菸的人還要記得含些口含錠，這樣才能消除那令人卻步的口臭。

　　身為男性最起碼一定要牢記這三點，儘量讓女性在做愛的時候，感覺舒適泰然、飄飄欲仙。

Column 05

「女人心海底針」的實情

　　俗話說：「女人心海底針。」女人的心總是善變，近年來甚至有人將態度忽冷忽熱的女性稱為「貓系女子」。之所以會有這麼多善變任性的女性，原因其實與女性特有的荷爾蒙平衡有關。

　　常聽人說：「女性在大姨媽快來之前脾氣會很暴躁。」這也是荷爾蒙造成的影響。這種現象真正會出現的是十幾歲的青少年時期。雖說每個人情況不同，不過女性初潮到來之後，就會開始對「在性別上成為一個受人喜愛的對象」這件事產生興趣。也就是說，她們會開始在乎自己的容貌以及打扮，試圖讓自己在性這方面展現魅力。男性當中也不少人會出現這種情況，但是女性比較明顯。深深影響女性這種反應的是雌激素與黃體素（progesterone），據說女性腦部絕大部分都會受到這兩種荷爾蒙影響。像是掌管重要記憶與學習的海馬體、控制身體器官的下視丘（hypothalamus），以及管理情緒的杏仁核等等，不管是誰，都會因為這兩種荷爾蒙的增加而出現過度反應的現象。

　　具體來說雌激素的分泌量，在月事結束到下一個排卵日到來的這段期間會持續增加兩週。處於這段期間的女性會充滿自信，與他人溝通順暢，而且排卵日臨近之際，性衝動就會變得非常強烈，對於性愛態度也會趨於積極。可是排卵結束之後的兩個禮拜，黃體素的分泌量就會增加，讓女性焦躁不安，動不動就大聲怒吼「煩耶！你滾啦」，脾氣變得非常暴躁傲慢。荷爾蒙分泌的差異，讓女性在面對壓力以及痛苦時，反應變得非常激烈，然而如此情況看在男性眼裡，只會覺得「女人善變又任性」，有時甚至蠻橫霸道，毫不講理。

難度超乎想像的擁抱，要如何熟能生巧？

那種抱法像是在壓制犯人？

應該有很多人會覺得「不過就是擁抱而已，這種事有誰不會啊？」，的確，照理來說不管是什麼人，應該都知道要怎麼樣緊緊抱住對方才對。但是，捫心自問你敢肯定你的抱法是正確的嗎？曾經為許多無性夫妻提供諮詢的阿德勒心理學權威學者岩井俊憲便指出，實際上對於擁抱誤解頗深的男性遠比想像中還來得多。

有很多女性常常表示「希望有人能抱緊自己」，但是對大部分男人來說，就是搞不懂這個「抱緊」需要多少力道。在曾經接受岩井診療的男性當中，據說有人在擁抱對方的時候，方式簡直就和壓制犯人沒有兩樣。基本上當我們在擁抱對方時，施展出來的力道其實只要比自己想像的，還要輕柔一點就可以了。有不少女性會因為對方擁抱的力道，大到讓自己整個肉都陷下去而疼痛不已，然而所謂的「抱緊」，意思其實並不是用力。

擁抱的方法琳瑯滿目。右頁插畫所列出的，是幾個具代表性的擁抱方式，而當中愛意最為濃烈的就是類型①。此時施展的力道只要能稍微將兩人的衣服弄亂即可，重點在於雙手環繞到背後，用肩頭的力量抱緊對方。

②～④是當兩人獨處的時候，適合用來調情的擁抱方式。②如果是在耳邊呢喃的話，力道與①一樣即可。但如果是邊看電視邊調情的話，最好是將對方環抱在懷中，輕輕碰著背部就好。而③與④的實行重點，在於手臂要繞到對方的腰部或肩上，一邊保持一段距離，一邊將對方擁入懷中。

最後⑤的部分，則是展現親密度的最佳擁抱方式，即便是在其他人面前，也會是不讓人感到害羞的公開擁抱方式。因為這種抱法只要用到一隻手就可以，所以力道不會過大。就讓我們好好了解這些抱法的不同，溫柔地將心儀的女性擁入懷中吧！

擁抱的類型

日本人平時沒有擁抱這個習慣，很多男性可能會不知道要怎麼擁抱對方。因此，接下來我們要為大家介紹幾個最具代表性的擁抱方式。

①深情互擁

②溫柔後擁

③貼臉深擁

④稍離淺擁

⑤搭肩拉擁

一切從這裡開始！掌握基本的接吻方式!!

親吻是開啟女性心扉之鑰！

接吻幾乎是做愛的必經過程，對女性來講，更是加深愛意的入口。即使兩人赤裸以對、情慾高漲，接吻時只要感覺不對，女性心中的那把炎熱慾火就會頓時熄滅。

接吻是一門深奧的學問，勢必要累積經驗才能掌握技巧。而打從一開始就「不知道自己哪裡沒有做好」的人，極有可能是因為他們腦子裡，對於銷魂的吻技沒有什麼概念。

因此，在心中先有個概念，知道要怎麼親吻對方，就顯得相當重要了。

最容易讓男性誤解的就是口型。一位三十幾歲的女性在受訪時提到，男性「嘴巴嘟起來接吻真的很噁心」。意外的是，許多男性明明不是故意的，但不知為什麼討吻時就是會嘟嘴，這樣的舉動看在女性眼裡其實評價很差。

接吻時口型大家可以參考下圖，以下巴放輕鬆，嘴巴半開為佳。剛開始親吻的時候，嘴巴先整個放鬆，再輕壓雙脣。

但若是過於在意輕壓雙脣這件事，親吻時嘴巴就會不知不覺地嘟起來。因此接吻的時候，我們可以用鼻尖輕碰女性臉頰的方式，將嘴滑向對方的脣瓣上，頭微微傾斜，如此一來女性就會更加心動。

兩人脣瓣重疊之後，接下來就要正式接吻了。兩人接吻時最為重要的，就是如何移動嘴脣與舌頭。而第59頁上方插圖所表示的，是基本的接吻動作。

●接吻時的口型

嘴巴整個放鬆，半開半合

●接吻時脣瓣的游移方式

●上下咬吻

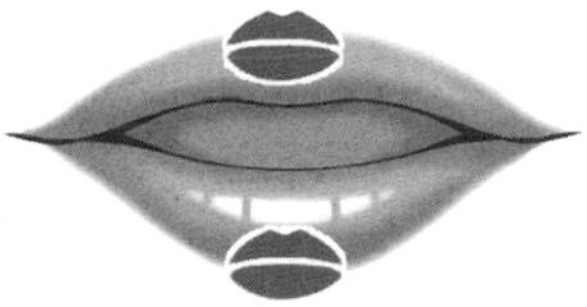

用嘴脣舔咬，溫柔刺激對方的上下脣瓣。

●四方點吻

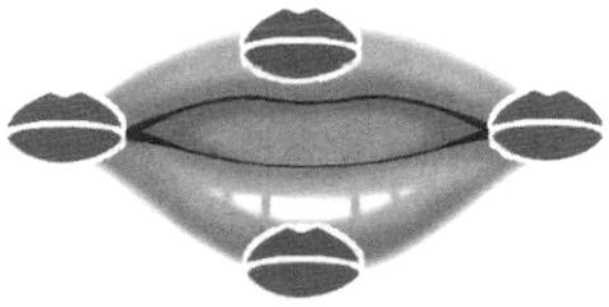

親吻時舌尖輕碰脣邊上下左右四個方位。

●隨處啄吻

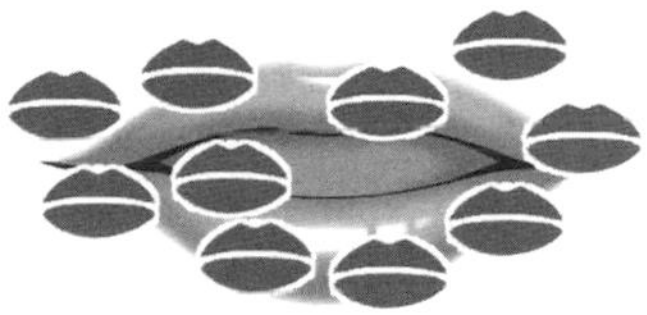

噘起嘴巴，不斷輕碰對方脣瓣的每個角落。

●輕滑舔吻

舌頭從對方的上下脣瓣輕滑而過。

接吻是脣舌交替進行的愛撫。配合彼此的呼吸及動作固然重要，但最能夠讓女性喜笑顏開的，莫過於男性主導的吻。只要感受對方的呼吸，吻法上稍加變化，就能讓女性卸下心防，相信你「會帶領自己進入狀況」。

例如，剛開始可以先輕輕將嘴脣貼放在對方脣瓣上，不管是上下咬吻還是四方點吻，都能帶來不錯的效果。咬的時候基本上只用嘴脣不用牙齒，雙脣緩緩游移，可別像魚那樣不停張嘴。

會如此叮嚀，是因為男性嘴脣若是一直動，就會不小心忽略女性的呼吸。在接吻的過程當中，女性的呼吸不是嬌喘，而是節奏較慢的喘息，因此男性要稍微留意女性這種細微的呼吸變化。

親吻時機若是合拍的話，兩人的情慾就會宛如電流直衝而上，而這就是伸入舌頭的最佳時刻。此時我們可以雙脣微開，慢慢地將舌頭伸入對方嘴裡。

雖然情色小說中常見到「鑽舌奪吻」之類的故事情節，但在現實

生活當中，這種情況的效果其實不彰。對方雙唇緊閉的時候，若是硬讓舌頭鑽進嘴裡的話，兩人之間的節奏就會失衡，使得炎熱的情慾整個冷卻下來。

　　伸舌的時候不要急著雙舌交纏，要時而離唇凝視對方。讓他人將舌頭伸進自己嘴裡，是一個有點令人抗拒的行為。所以此時再次確認兩人的感情，讓對方感到安心就顯得相當重要了。若能不經意地說出「我喜歡你」之類的情話，相信女性聽了之後愛意定會更加深濃。

　　下次接吻的時候，不妨試試「舌吻」這個更激烈的深吻。只要成功進展到這個階段，就代表女性已經做好準備接受你了。這個時候就可隨著洋溢的感情雙舌交纏。

　　但若要進行交換唾液之類的玩法時，女性必須是經驗豐富的人才有辦法配合。否則貿然滴下口水的話，極有可能會讓對方打退堂鼓。因此兩人剛開始交往時，最好儘量避免這種吻法。

　　兩人若是越吻越熱烈，便可不經意地觸摸對方的身體。當然，這還稱不上是愛撫，不過這麼做卻可以讓女性做好被人撫摸身體的心理準備。

　　而撫摸的地方最好是胸部、腰部與頸部，也可以讓手指從屁股一直滑落到大腿。至於怎麼撫摸，第64頁以後會再詳述，現階段只要似有若無，彷彿用羽毛觸碰般輕撫而過即可。

　　下一頁介紹的是各種接吻方式。只要根據情況選擇適當的吻法，就算只是一個吻，也能讓伴侶為你傾心。吻是讓女性意亂情迷的最佳武器，所以大家一定要多加努力，成為一位接吻高手。

②伸入舌頭，輕輕交纏。

①嘴巴微開，雙脣重疊，互相感受脣瓣的觸感。

④再次深情舌吻。伸舌吸吮，讓吻法多些變化。

③兩人暫時分開，凝視對方，耳鬢廝磨。

接吻的步驟

有些人雖然知道接吻方法，卻不知道要怎麼進行。因此接下來我們要介紹一個實用的接吻課程。大家熟悉之後，再慢慢稍加變化，讓自己晉級為接吻高手！

⑤越吻越激烈時，便可輕撫對方的身體。

●啵聲之吻

輕吻出聲、享受聽覺樂趣的吻法。用上下脣發出「啵」的破裂音，而不是用吸的，這樣聲音才夠清脆。

●擦脣舔吻

滑動上下脣瓣的吻法。舌頭從脣外輕滑到脣內。

●舌尖之吻

舌尖稍微用力，互舔舌尖的吻法。這個階段的吻只要像鳥啄之吻般輕碰即可，雙舌不太需要交纏。

●法式深吻

如連續劇一般舌頭激烈交纏的吻法。接吻時兩人臉龐左右錯開，鼻頭輕擦而過，這樣會更興奮。

●鳥啄之吻

脣瓣距離似有若無、輕擦而過的吻法。接吻的開頭與結尾用這種吻法，可以帶來不錯的效果。重點在於互相體會彼此的呼吸。

接吻的方式

接吻的方式琳瑯滿目，不勝枚舉。雖然技巧要靠經驗培養累積，但如果能夠事先知道幾種接吻方式，就能增加實踐練習的機會了。

●活塞之吻

舌頭稍微用力，互相伸向對方口中的吻法。若能像做愛那樣不斷地前推後拉更好，但是力道不要過大。

●吸舌之吻

兩人脣瓣緊密貼合，互相吸吮舌頭的吻法。最好吸到對方臉頰凹陷。

試著愛撫
敏感部位吧！

以「似有若無」的力道輕撫而過

接下來，終於要進入輕撫女性身體的階段了。愛撫的時候最為重要的，就是「撫摸身體的力道」。在前文當中提到男性施展的力氣，與女性身體的感受差距甚大，因此我們要牢記一點，那就是男性在日常生活中所施展的力道，幾乎是女性的2～3倍。

此外，女性肌膚也比男性敏感。不論是像快感這種令人愉悅的感覺，還是像疼痛這種折磨痛苦的感覺，對於女性來說，其感受都會格外敏銳。因此，男性的撫摸方式就像是一把雙刃刀，光是撫摸就足以讓女性遊走於愉悅與痛苦之間。所以當我們在撫摸女性的身體時要記住一點，那就是剛開始的時候，要以彷彿羽毛般「似有若無」的方式輕撫而過。

話雖如此，但每個人的力道畢竟還是有所不同。那麼在這種情況之下，我們要怎麼「觸壓」對方的身體才好呢？此時以緩慢性愛（Slow Sex）而聞名的亞當德永，其所提出的理論或許就能派上用場。

首先，將自己的手掌懸空平放在距離肌膚2公分高的地方，然後讓五根手指的指尖垂放在肌膚上。如此一來，手掌的掌心部分就會形成空洞的狀態。而指尖則是儘量放輕鬆，這樣的手部狀態就是觸摸的基本手勢。

在維持這個基本手勢的同時，以「似有若無」的力道讓手從女性的肌膚上滑過。而會用「滑過」這個詞，是為了避免自己因為積極「想要撫摸」的念頭，而導致手的力道過大。

接著，當手從肌膚上滑過時有三點要注意。第一個是等距懸空的指尖不要隨便亂動。有些男性以為用指尖來搔動肌膚的話，女性會更有感覺，但事實上指尖只要一動，撫摸部位感受到的觸壓就會變得不均勻，這麼一來女性得到的快感反而會變得不穩定。

撫摸時動作規律且固定會比較能讓女性感到安心。當然，為了避

免單調，在撫摸較為敏感的部位時，我們還是可以試著稍微動動手指，增添一些變化，但前提是要先等女性已經感受到基本手勢所帶來的穩定刺激之後，再開始這樣的動作。

　　第二個要注意的地方，就是觸摸的速度感。亞當德永提到，觸摸時最恰當的速度是每秒3公分。大家可以試著撫摸自己的手臂看看，應該會發現這個速度其實相當緩慢。

　　此外，觸摸時有一個基本原則，那就是要「直向移動」。如同右圖所示，手指滑動的時候要沿著女性身體的曲線，以直向輕撫而過，因為人類體內的主要神經絕大多數都是呈直向分布。大家可以試著觸摸自己的手臂看看，觸摸時橫向與直向的感覺照理說應該會不太一樣。

　　順便告訴大家，觸壓及直向撫摸的方法，就和舔舐全身的時候一樣。用舌頭舔舐愛撫的時候，感覺會隨著舌尖或舌面中心等，使用部位的不同而有所改變，但基本原則都是要「舌尖放鬆」，這一點要牢記在心。

　　舔身體時的要領則是和接吻一樣，不需要施力。與其說是用舌頭，不如說是在移動整張臉。愛撫乳頭時雖然可以轉動舌頭，但從肌膚上滑過時，記得舌頭一定要放輕鬆，因為愛撫的時候放輕鬆是啟程的第一步。

●身體基本的觸摸方式

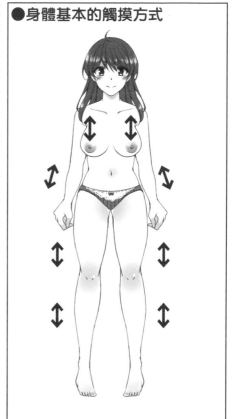

愛撫時基本上要沿著身體曲線直向輕撫，並且從下（半身）慢慢游移至上（半身）。

親吻時撫摸臉龐與頭髮！

應該有很多人沒有想到，親吻時要愛撫臉龐或頭髮吧？以男性的立場來看，這兩個部位確實是很難讓人與興奮的反應聯想在一起。就算是加以愛撫，女性也不會有興奮抽搐的反應。

然而對於女性來說，臉龐與頭髮卻是容易讓人感到安心的部位，只要受到愛撫，就會更容易集中在性事上。

以頭髮為例，有很多女性不是經常吵著要別人「摸我的頭」嗎？她們之所以喜歡讓人摸頭，是因為頭髮底下的頭皮是一個非常敏感的部位。而頭皮角質SPA之所以深受女性喜愛，也正是這個原因。就算是男性，洗頭時如果是使用特別清爽的洗髮精，整個人精神應該也會為之一振吧！因此，撫摸頭髮的動作就等於是在刺激頭皮，能夠為人帶來快感。

摸頭的時候手指呈現微張狀態，彷彿是要撩起女性頭髮一般，順著髮流滑過去。不過要是對方的頭髮毛躁或打結的話，手指恐怕會不好順勢滑下，不巧遇到這種情況的時候就不需要勉強，直接在打結的地方輕輕抽手就可以。

想當然耳，一旦硬要將頭髮梳開的話就會扯到頭髮，這樣一來，氣氛反而就會遭到破壞。

用這樣的方式撫摸過頭髮後，將手順勢滑向臉龐。愛撫臉龐的時候要如同右圖，從臉頰一直摸到脖子。如前所述，要溫柔觸壓、輕撫而過，此外也可以彷彿用手托著臉般觸摸。這個時候如果能夠直接將對方的臉轉過來，然後再親一下的話就會更好，此時的吻，是為了

●臉龐喜歡被人撫摸的部位

愛撫的時候，以畫橢圓的方式輕撫色塊標示的部位。

讓對方的臉龐有被愛撫的感覺，因此淺淺的鳥啄之吻或許會比較恰當。

這時候女性如果是張開雙眼的狀態，那麼就好好與她深情對望。在做愛的過程當中，女性大多數的時間都會閉上眼睛，讓自己沉浸在快感之中。要是睜開雙眼的話，就代表她們想要看著對方的臉，再次確認自己不是在做夢。

她們應該是出自本能，想要得到「他是愛我的」這個真實感受。因此愛撫頭髮或臉龐時，若能再加上親吻，就能夠順利打開對方的心扉。

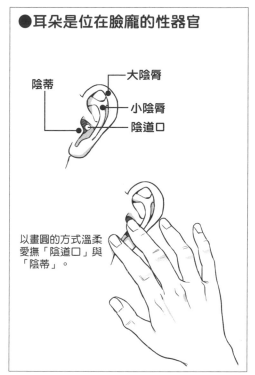

●耳朵是位在臉龐的性器官

陰蒂
大陰脣
小陰脣
陰道口

以畫圓的方式溫柔愛撫「陰道口」與「陰蒂」。

記住，耳朵是位在女性臉龐的性器官！

耳朵對女性來說是一個非常敏感的部位，幾乎可以被稱為是「第二性器」。本書在第一章曾經提到，當我們在詢問女性「性敏感帶在哪裡」時，有8％的人回答「耳朵非常敏感」。

耳朵之所會如此敏感，是因為這是一個與聽覺直接連結的器官。至於要如何攻克，那就因人而異了，不過一開始的時候我們可以先輕輕地撫過，確認對方的這個部位是不是敏感的。

要是對方有所反應的話，那麼就模仿上圖所示的動作，用宛如羽毛輕撫般的方式，試著刺激耳洞的周圍部分。當對方的嬌喘聲越來越急促，甚至出現顫抖反應時，就代表這個部位極有可能是她的性敏感帶。這個時候不妨大膽地更換武器，用舌頭替代手指來刺激這個部位。

雖然亞當德永不建議大家用舔的方式來愛撫，但當我們在採訪一

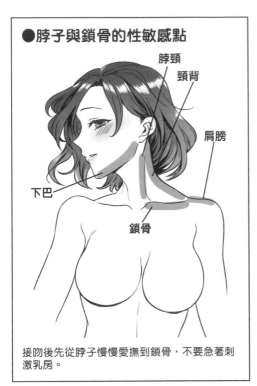

●脖子與鎖骨的性敏感點

脖頸

頸背

肩膀

下巴

鎖骨

接吻後先從脖子慢慢愛撫到鎖骨，不要急著刺激乳房。

般女性的時候，卻有人表示她會對「舔舐的聲音有所反應」。這表示這些女性對於聲音的部分是較為敏感的，有時還會因為耳邊咕啾咕啾的舔舐聲，而讓整個人變得非常興奮。

不過，也有些女性的耳朵只有對觸覺比較敏感，因此當我們在用舌頭刺激時，不妨和觸摸的時候一樣，先用舌尖溫柔刺激，之後再根據對方的反應來判斷是要就此停止，還是繼續舔舐下去。

總而言之，女性的耳朵是非常值得愛撫的一大性敏感帶。要是錯過這個機會的話，前戲的效果就會大大地降低。

脖子到鎖骨都是敏感點！

在一邊親吻，一邊輕撫臉龐、頭髮以及耳朵之後，男性通常就會忍不住地將手游移到乳房上，不過老實說，這樣的愛撫方式實在有點糟蹋了之前所花費的時間。

規律、穩定且循序漸進的刺激，可以讓女性對這場性事更加期待，性慾也會因而更加炙熱。照理來說，乳房是一個敏感程度僅次於陰蒂的一次性感帶，既然這個部位不受精神因素影響也會有所感覺，那麼這時候要是直接撫摸，就等於是一口氣跳過了目前為止按部就班所鋪墊的各個步驟。所以，手在游移至乳房之前，最起碼要先愛撫脖子到鎖骨這個部位。這是在順其自然向下愛撫時，一個非常淺顯易懂的順序。

舉例來說，當我們在刺激耳朵時，手自然而然會來到頸部、背

部。此時可以直接游移到肩膀、鎖骨，然後再次一邊輕吻，一邊溫柔撫摸脖子……只要不斷重複這樣的愛撫方式，也就是從臉龐一直輕撫到脖子這一帶，女性還會記得下半身的疼痛嗎？

腰部與背部也很敏感！

接下來，你是不是想著終於該輪到乳房的部分了……但實際上別忘了還有一個重要部位，那就是腰。在腰部的尾椎與腰椎之間，有一塊骨頭叫做骶骨。自古以來，人們一直認為骶骨是性能量匯集的部位，而在針灸這個領域中，它也是眾所皆知的骨頭。因此只要用心愛撫這個部位，就能讓女性更加亢奮。

話雖如此，到目前為止大家在撫摸臉龐到鎖骨這個部位時，應該大多是呈現女性仰躺、男性在上的狀態，但是這樣的姿勢並不容易刺激到腰部。因此男性要移到旁邊，讓女性側躺，這樣手才會比較容易繞到腰部，而且在讓女性趴下之前，要換到愛撫屁股這個步驟也會比較順手。

如前所述，骶骨的位置比尾椎稍高，因此愛撫時要將重點放在這個部位上。時間方面，一分鐘就差不多了。記得要一邊親吻，一邊刺激。接著再看準時機，誘導女性往下趴，並如左圖，舔舐背部的每寸肌膚。

●背部的舔法

舌尖不要用力，舔的時候儘量用整個舌頭由下往上舔。

容易錯過的性敏感帶「屁股」

　　不知是什麼原因，人們老是把屁股當作是用來欣賞的部位。一般來說，幾乎沒有人意識到這個部位也可以愛撫。就連在對女性進行性敏感帶的問卷調查時，所得到的數據結果，屁股的排名也是比耳朵還要低。

　　但是根據我們獨家採訪，發現實際上有不少女性毫不保留地坦承，她們「希望對方能緊緊抓住屁股」，或者是「想讓對方的手在屁股上游移」。既然如此，女性在回答這份問卷時，屁股排名為何會是墊底的呢？個中緣由恐怕是因為男性在愛撫的時候，都太過於忽略屁股的關係。

　　就算是在A片當中，出現愛撫屁股場景的時間也同樣不多（戀臀系列除外），因為這個部位在愛撫時，畫面可說是非常地單調，不像乳交那樣，撫摸乳房時的畫面好看又精彩。

　　所以那些把A片當作性愛教科書的男性，才會不知道要怎麼愛撫屁股，有的人甚至在進行前戲的時候，根本不會有讓女性趴下的這個動作。

　　然而，屁股這個部位體毛少、皮膚感覺敏銳是永恆不變的事實。如同右圖所示，屁股有不少性敏感帶。既然如此，愛撫的時候又豈能錯過這個部位呢？

　　愛撫屁股的方法其實不少，而且俯臥這個姿勢所帶來的放鬆效果還比仰臥好。對男性來說，看不見對方的表情，心情上或許有點寂寞，但是這麼做卻可讓女性更容易沉浸在獨屬於我的快感世界裡。

　　那麼愛撫屁股的時候，

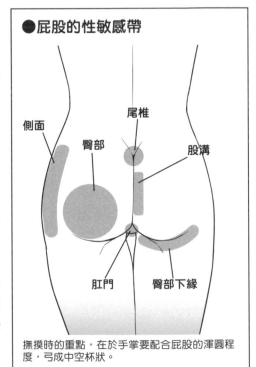

●屁股的性敏感帶

側面　　臀部　　尾椎　　股溝

肛門　　臀部下緣

撫摸時的重點，在於手掌要配合屁股的渾圓程度，弓成中空杯狀。

具體來講應該要怎麼做呢會比較好呢？

首先，要將屁股劃分成「側面」、「臀部」與「股溝」這三個區塊，來分別加以愛撫。側面是骨盆邊緣一直連接到大腿骨這一帶，算是非常敏感的部位。大家可以試著用指尖輕敲，或者讓手指宛如羽毛，以畫橢圓的方式輕撫而過。

臀部所指的是屁股像碗一樣隆起的部位，因此愛撫時手要配合屁股的形狀，將手心弓成中空杯，由下往上托起。揉捏固然無妨，但只能重點式地刺激性慾。原則上來講，促進快感時只要輕撫而過就可以了。

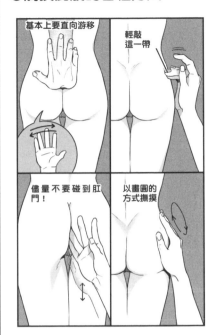

●觸摸屁股的各種方法

基本上要直向游移

輕敲這一帶

儘量不要碰到肛門！

以畫圓的方式撫摸

最後的股溝是靠近肛門及性器官，在挑逗女性情慾時效果頗佳。倘若女性是呈俯臥姿勢，在看不見對方的情況之下，反而會更加期待與亢奮。而愛撫時的重點，就是儘量不要碰到肛門的部分，以畫圓的方式加以滑動手指為佳。

大腿讓人對插入更加期待！

愛撫大腿可讓女性更加期待，在心中暗自幻想「再來應該就是性器了吧」。因此這個部位可說是刺激全身時的最後一個攻占點。

愛撫大腿的時候，我們可以試著用亞當德永提出的「搔抓愛撫法」。首先將大腿分為「外側」、「上面」、「內側」這三個部位，一一溫柔觸摸之後，接著再以手指直向搔抓大腿，力道的大小則和蟲叮抓癢時一樣。等重複數次之後，再加重力道，強度大概是讓手指掐進肌肉裡的程度。

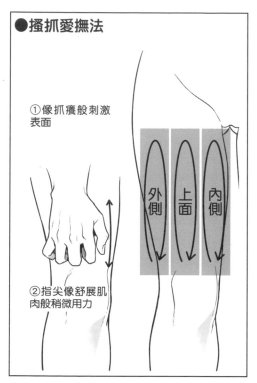

●搔抓愛撫法

①像抓癢般刺激表面

外側　上面　內側

②指尖像舒展肌肉般稍微用力

這個時候女性會覺得有點痛，但是這股絕妙的疼痛，反而會讓人產生性興奮。

搔抓愛撫法在進行前戲的過程當中效果非常好。假設還是處於剛開始進行前戲的階段，就算已經摸到大腿了，選擇以羽毛輕撫這個方法，還是相對地較為保險。就某個層面來講，搔抓愛撫法就好比一把雙刃刀，但是為了讓對方期待自己能夠繼續愛撫到陰蒂或性器官，這個方法其實相當值得一試。不過要注意的是，指甲要事先剪得深一些，否則就會讓對方造成一些不必要的疼痛，嚴重一點甚至還有可能會傷到對方嬌嫩的肌膚。

愛撫需要口手並用！

到目前為止我們已經詳細解說各個部位的愛撫技巧，接下來要談的是，提升等級時不可或缺的「三點挑逗理論」。

愛撫的目的，應該是在觸摸性器官之前，也就是達到性高潮的事前準備。在這之前，我們之所以要不斷地讓情慾高漲、提高期望，原因就在於此。

女性的性興奮雖然複雜，但也有單純的一面，那就是敏感部位越多越好。這只是一個簡單的加法運算，只要愛撫或觸摸的部位越多，女性就會更容易感到興奮。

舉例來講，當我們在輕舔脖子的時候，雙手通常都在做什麼呢？手若是為了專注在舐舔上而閒置於旁，豈不是一件非常可惜的事？

AV男優清水健曾經提到，「在愛撫的過程當中，同時挑逗的部位

◎ 第Ⅲ章
這樣做你也能成為前戲王！超實用性愛技巧

至少要三處才行」。這就是所謂的「三點挑逗理論」。

那麼，接下來就讓我們來談談實戰吧！前文提到親吻是敞開女性心扉的鑰匙，但這並不代表一定要先打開這扇門，才能夠觸摸女性的身體。

假設現在兩人正深情對望，準備親吻對方。此時我們的手應該會自然而然地伸向女性的兩頰。在這種情況之下，大家要想起下巴這條線的性敏感帶。我們可以一邊親吻，一邊用閒置的雙手刺激性敏感帶。

的確，女性心中的不安及恐懼若未消除，一邊接吻一邊將手伸向下半身極有可能會讓對方反感。但如果是臉龐或者是周圍的性敏感帶，就能順其自然地刺激女性的性慾。

男性不僅要主導前戲，如何讓女性認為男性的愛撫是一個順其自然的行為更是關鍵。男性之所以常被人誤會是「任性」、「自私」，主因在於兩人明明就還在接吻，但是男性的手卻已經不規矩地伸向陰蒂，不然就是在氣氛正好的時候，突然出現閒話家常之類的「反常」情況。

迫不及待的心固然能理解，但在進行前戲的時候，最重要的其實是打開女性的心扉，讓身體適應做愛的環境。因此循序漸進、提高性慾是勢在必行的事。

在這種情況之下，毫不唐突又能夠點燃性慾的方法，就是「三點挑逗理論」。就請大家參考本章介紹的性敏感帶，隨時多加留意，儘量不要讓嘴還有手閒置在旁無所事事。

千萬別想說「怎麼這麼麻煩……」，不然這輩子是不會有女性願意成為你的愛情俘虜的。要記住，在讓女性意亂情迷的前戲之後，等待你的是無與倫比的快感以及更加深切的愛意。

Column **06**

巧克力可以提高性慾!?

　　女性是用大腦來感受的生物。因此，男性對於這個器官所分泌的腦內物質是否具備知識，在進行前戲這方面會出現極大差異。

　　與性興奮關係最為密切的，是腦內物質中的多巴胺。多巴胺大量分泌時，人就會產生快感，動作也會變得活躍。另外，當我們在進行有氧運動的時候，分泌的β-腦內啡據說也會增加幸福感。有人說做愛這項運動每次都會消耗200大卡的熱量，而且運動量和在跑步機上慢跑15分鐘一樣。要是我們一天做愛三次，那麼分泌的β-腦內啡就會和跑步45分鐘一樣。汗流浹背、炙熱如火的性愛，不僅可以拉近兩人的心靈距離，還能讓彼此的幸福感倍加強烈，可見各種腦內物質是能讓人更加亢奮的。

　　當中有種腦內物質稱為苯乙胺（PEA），別名「戀愛荷爾蒙」。這是一種戀愛時會大量分泌的荷爾蒙，能夠讓人整個沉浸在愛河之中，在男性射精、女性達到高潮的時候也會分泌。交往三個月的情侶感情之所以會如此火熱，應當也是受到這種荷爾蒙的影響。

　　PEA有個特徵相當有趣，那就是「這種腦內物質不僅會在戀愛和性高潮的時候分泌，就算只是存於大腦裡，也能夠帶來相同效果」。像是巧克力、起司與紅酒都含有PEA這種成分。只要我們在做愛前攝取這些食品，性慾說不定就會更加亢奮。這麼一說，約會時到義大利餐廳點個披薩、喝杯紅酒……說不定是會最佳選擇呢！

這才是女性的象徵！
攻占乳房吧！

女性胸部要分成「乳房」與「乳頭」！

在愛撫女性酥胸時，首先要記住的是觸摸方式，畢竟「乳房」與「乳頭」在愛撫時，方式會稍微有所不同。

乳房大致是由乳腺及脂肪所組成，以敏感程度來說不如乳頭，而且反應會隨著快感神經的發達、生理週期與女性心情而改變。所以就算愛撫方式相同，出現的反應也會因為日子不同而有所變化。

撫摸的訣竅，在於掌握以手輕托這個要領，以畫圓的方式由下往上愛撫乳房。之前提到愛撫時基本上要直向刺激，但揉捏乳房時要「由下往上」，這點請多加留意。這麼做的原因在於，乳頭以上的皮膚是從脖子這個部位垂掛乳房，肌膚較為緊繃，要是「由上往下」揉捏乳房的話，有時反而會讓女性感到疼痛。因此當我們在愛撫乳房時，要儘量以畫圓的方式刺激。

至於觸摸的力道，基本上要比其他部位小一些。男性一看到女性的胸部，往往會忍不住想要立刻刺激乳頭，但在這麼做之前，先讓我們好好享受愛撫乳房的樂趣吧。這是一個很難單單只靠揉捏就引起快感的部位，必須要觸摸才有辦法搖身變成感覺絕妙的性敏感帶。

由外側往乳頭的方向來回愛撫，到了乳暈的時候先停手。接著用食指、中指及大拇指一邊在乳暈畫圈愛撫，一邊慢慢將手移開，儘量不要碰到乳頭。

這些行為可以讓人期待的是「焦急效果」。這是刺激性器時的核心理論，也就是「欲擒故縱，勿立刻摸」，這點務必要牢記在心，因為讓女性苦苦哀求「別停，快摸」之後，正是這場性愛決一勝負的關鍵時刻。在這種情況之下要繼續讓女性慾火焚身、情慾難耐，而且同樣玩法還要多重複幾次。

如此一來，女性的快感應該會高漲到極點。別說是陰蒂了，只要在前戲階段讓愛撫的敏感部位焦慮騷動，女性就會因為極度渴望而失去矜持，淫蕩的念頭整個失控。此時說不定可以窺探到女性有別於平

常的另一面。

此外，我們曾經在第42頁提到，乳房這個部位有一條別名「乳房G點」的Spence乳腺。

這條乳腺在距離腋下約5公分處的乳房旁，愛撫時要用中指及無名指，以震動的方式來刺激。重點在於以手的重量，將指尖下壓1公分來震動脂肪底下的肌肉，而不是抖動脂肪。

Spence乳腺產生快感的機制尚未得到闡明，但這是無數性愛前輩力行的性愛技巧，值得習慣愛撫的人　試。

舔舐乳房的時候，要牢記

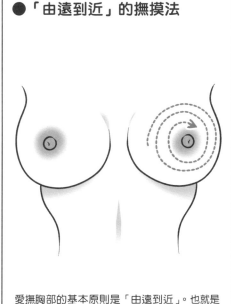

●「由遠到近」的撫摸法

愛撫胸部的基本原則是「由遠到近」。也就是以乳頭為中心，從外側緩緩朝內刺激。

上述的基本原則，也就是「由遠到近」、「超級輕柔觸摸」、「讓對方焦急」。撫摸至乳頭之後，又要再次愛撫乳房時，也要多加善用這些原則來進行。

不少性愛指南書提到「猛抓乳房效果不彰」，如此情況其實因人而異。畢竟超級輕柔觸摸只不過是一個基本原則，例如在陰莖抽插的這段期間，就有女性會希望對方能激烈地揉捏乳房。至於該如何分辨，恐怕要實際上場才有辦法知道了。但有一點是可以肯定的，那就是男性在抓乳房的時候，要是用力過猛，還是會讓女性感覺到疼痛的。

不管有多想要猛抓揉捏，力道還是要好好調整才行，這點大家務必要牢記在心。

圖解 攻占胸部

一起來學習並且實踐乳房及乳頭最具代表性的挑逗方法吧！

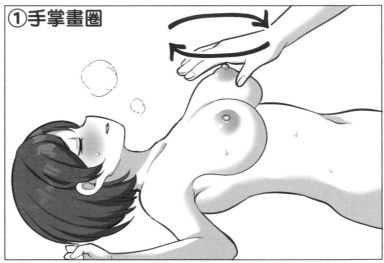

①手掌畫圈

手掌畫圈所指的是將手掌懸在乳頭上方，以似有若無的觸摸方式，不斷畫圈的挑逗方式。

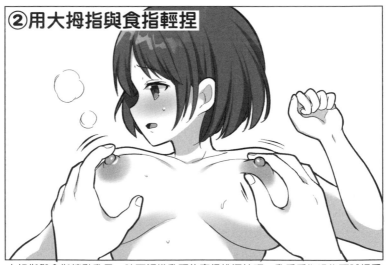

②用大拇指與食指輕捏

大拇指與食指轉動乳暈，時而觸摸乳頭的高級挑逗技巧。乳房愛撫過後再試捏看看。

③捧起乳房

從乳房下方朝上揉捏的愛撫方式。看準乳房下方較為敏感的部位，儘量用小指集中挑逗。

④猛抓乳房

伸手猛抓乳房時力道很重要。揉捏時要畫圓，而不是上下晃動。

在揉捏女性酥胸的時候，
千萬要溫柔一點喔！

乳頭的愛撫方式跟乳房不一樣！

　　乳頭是敏感程度僅次於陰蒂的部位，幾乎沒有女性不愛讓人挑逗此處，因此愛撫乳頭堪稱做愛時最得女人心的刺激方式。

　　愛撫乳頭的時候，首先要將這個部位劃分成「頂端」、「側邊」，以及位在這兩處中間的「邊緣」這三個部分。以敏感度來講，依序為側邊→邊緣→頂端。撫摸時的基本動作一樣有「摩擦」、「震動」、「壓迫」這三個，並且要視情況區分使用。另外，還有讓性慾泛起漣漪、給予適度疼痛的捏、拉與擰等動作。不過這個時候讓女性感到疼痛，只不過是為了助興，要是次數太過頻繁的話，只會把女性給弄疼，所以要特別小心。有的女性非常討厭被人弄疼，因此剛開始用基本動作挑逗刺激或許會比較好。

　　既然乳頭是一個如此敏感的部位，那麼男性若是突然施力過猛，有時反而會讓女性覺得痛不堪言。這時候最重要的，就是要採用「由弱漸強」這個手法。

　　輕輕觸摸時，記住力道要和「在青春痘上抹軟膏」一樣。若是難以想像，另外一個方法就是，先用無名指觸碰乳頭，因為這根手指不易用力，因此施展的力道會比較剛好。等到女性習慣「弱」的刺激之後，再來慢慢調整強弱。

　　接下來，我們就一邊留意自己的力道，一邊觸摸乳頭吧！乳頭是一個可摸、可舔的性敏感帶，因此愛撫方式的自由度，會比到目前為止介紹的方法還要高，就連前一頁介紹的「轉動掌心」之類的方法，也可以用來挑逗這個部位。

　　至於攻占乳頭的基本步驟，可以聯想到的玩法就是，先用手指輕輕夾住乳頭側邊，當這個部位變得越來越敏感時，便可用指腹摩擦頂端，用舌頭舔舐邊緣，接著再一邊輕輕舔咬，一邊吸吮乳頭。

　　吸吮乳頭時除了這個部位，乳暈也要一起吸。當然，一邊吸吮一邊用舌尖舔舐頂端也無妨。關鍵在於要留意乳頭的敏感程度，力道時強時弱，速度時快時慢。大家可以參考右圖解說的高級挑逗技巧。

攻占乳頭的高級挑逗技巧

敏感度出類拔萃的乳頭愛撫方法熟悉了之後，接下來就可以學習層次高一級的挑逗技巧了！

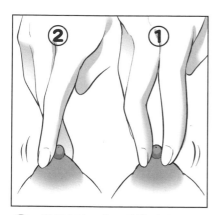

①手指跑步愛撫法

食指與中指宛如小碎步跑，前後交錯，讓乳頭側面感受到摩擦快感的方法。

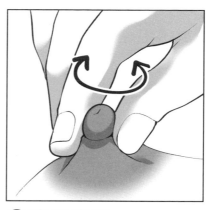

②邊緣畫圈

利用大拇指與手指刺激乳頭側邊及邊緣的方法。稍微擰一下也 OK。

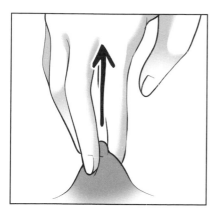

③輕拉愛撫法

中指指腹與食指指甲夾住乳頭側面向上拉起的愛撫方法。夾的力道可由弱轉強。

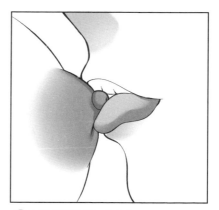

④乳頭舔咬法

舔咬乳頭時嘴唇蓋住牙齒。直接用牙齒咬的話，力道可能會過大而把女性給弄疼。

進入正題！
愛撫陰蒂

終極情慾開關 —— 陰蒂！

陰蒂是性愛的終極性器，又稱為「高潮開關」。如同前文所述，這可說是女性體內唯一為了性興奮而存在的部位。

陰蒂這個部位非常敏感。甚至有調查結果指出，曾經有過性高潮的女性當中，約有九成是透過陰蒂來達到高潮的。也就是說，到目前為止的前戲，是為了刺激陰蒂的墊腳石。而攻占陰蒂在前戲這個階段當中，算是精彩橋段之一。

手上正拿著這本書的讀者，或許曾經聽人說過「陰蒂很容易達到高潮」，說不定有人已經親身力行，實踐體驗了。

刺激陰蒂時要是方法得宜，引導女性達到高潮的機率應該不低。

不過本書在採訪的過程當中，卻發現陰蒂有一個意想不到的陷阱。有位在外約茶（應召站）工作的二十幾歲女性告訴我們，「搞錯

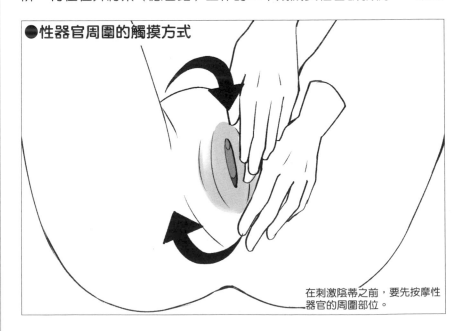

●性器官周圍的觸摸方式

在刺激陰蒂之前，要先按摩性器官的周圍部位。

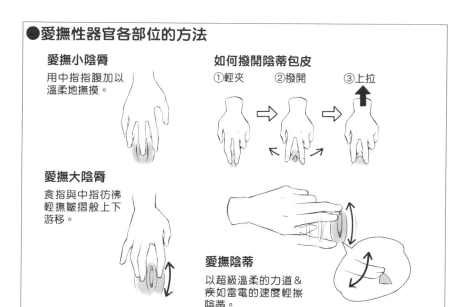

●愛撫性器官各部位的方法

愛撫小陰脣

用中指指腹加以溫柔地撫摸。

如何撥開陰蒂包皮

①輕夾　②撥開　③上拉

愛撫大陰脣

食指與中指彷彿輕撫皺摺般上下游移。

愛撫陰蒂

以超級溫柔的力道&疾如雷電的速度輕擦陰蒂。

陰蒂的男性其實不少」。但是看到對方這麼努力地刺激陰蒂，於心不忍的她只好配合對方的認真態度演戲，免得男性傷心。這位女性因為是在工作，這麼做應該是不成問題；但如果男朋友刺激挑逗的時候搞錯部位的話，以女性的立場來講，感覺恐怕會非常不舒服，如坐針氈。

因為陰蒂的直徑就只有5～7公釐左右，有時還會被陰毛覆蓋。何況在現實生活中，我們做愛時通常都會將房裡的燈光調暗，所以男性鮮少有機會可以慢慢觀看女性的性器。更何況一直盯著女性的私處看，只會讓對方不知所措。

所以說，愛撫時不知正確位置，只是猜測「陰蒂應該是在這裡」的男性，似乎比想像中的還要多。其實SNS上也有讀者投稿提出類似的證言。不僅如此，自慰經驗不是非常豐富的女性，有時也會搞不清楚自己的陰蒂到底位在何處，因此有一些情侶及夫妻，其實是有可能在不太清楚陰蒂的位置和感覺之下，進行魚水之歡的。

為了避免這種情況發生，同時精確掌握陰蒂位置，我們第一件要做的事，就是將性器官撥開，並且在刺激陰蒂之前，先愛撫大陰脣與小陰脣。

大陰脣是女性性器外側較為肥厚而且隆起的脣狀部位，內側是小

陰唇。從其宛如皺褶的形狀，可以想像其名由來。

　　大家可以先依前一頁的圖說一邊愛撫女性性器，一邊確認大陰唇與小陰唇的位置。這個部位的正中央剛好是陰道口，而距離上方約3～5公分處的突起物就是陰蒂。

　　這個部位非常小巧，光憑觸覺或許難以理解，但通常會有點硬硬的感覺，而且還會覆蓋著一層類似包皮的皮膚。這就是陰蒂。

　　知道位置之後，接下來就要刺激陰蒂了。當我們在愛撫陰蒂的時候，最重要的一點就是要專注。陰蒂是一個極為敏感的部位。女性一旦知道其所帶來的快感，就會希望對方能夠準確刺激這個部位。

　　相對地，男性在愛撫時部位若是有點偏差，有時反而就會讓女性的快感迅速冷卻。這種情況，難免會讓女性扼腕懊悔「差那麼一步就可以達到高潮的說」。

　　為了避免這種情況發生，撥開陰蒂的包皮就顯得相當重要了。A片中的AV男優通常都會非常靈巧地撥開包皮、愛撫陰蒂。其實這需要相當熟練的技巧，是屬於性愛行家的愛撫技巧。

　　要是我們對愛撫沒有什麼自信的話，最保險的方法就是用兩手來愛撫。先用比較不順的那隻手撥開包皮，再以慣用的那隻手好好愛撫，如此一來就能和AV男優一樣給予女性快感了。這麼做或許會讓人覺得動作不夠簡潔俐落，但是確實愛撫的重要性，反而比耍帥還要重要，更何況女性也不太會在乎我們的動作是否好看。因為陰蒂刺激到一半喊停，才是真正令人大失所望的事。

　　刺激陰蒂的方法其實並沒有想像中那麼難。請將慣用的那隻手掌根，如右頁圖那樣貼放在女性的大腿上。只要手固定好位置，手指上下活動的時候，動作就會更加順暢，如此一來便能迅速準確地愛撫裸露在外的陰蒂了。

　　陰蒂在愛撫時關鍵不在於速度，而是觸摸的壓力。撫摸陰蒂的時候所使用的是中指或食指，摩擦時則要使用指腹，指尖的部分幾乎不需要施力。就算要施力，壓力也要儘量集中不分散。而訣竅，就是讓指尖一直觸摸陰蒂。

　　只要用這個方式愛撫，就能瞄準陰蒂的敏感點，掌握位置的精準度比單手愛撫還要高。因此首先讓我們按部就班慢慢來，這是基本原則。至於單手愛撫這個方法，就先等基本手法都熟悉了之後再開始也不會太遲。

切記，刺激陰蒂的時候不要虛張聲勢耍帥，要體貼女性溫柔愛撫。

讓女性更加敏感的「陰蒂快感循環」

陰蒂和大腦的快樂中樞是直接相連的。因此，只要讓這個部位記住性高潮的感覺，那麼女性的身體就會漸漸地變得敏感。就算是從未有過性高潮的女性，只需要體驗過一次，快感就會開始在大腦裡形成神經迴路。

一旦快感的神經迴路形成之後，只要經歷過數次性高潮，迴路的訊號就會變得越來越強烈。

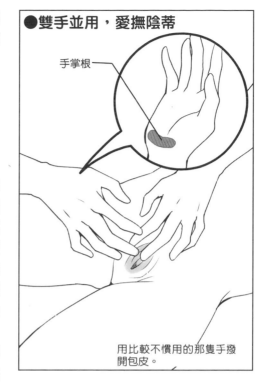

●雙手並用，愛撫陰蒂

手掌根

用比較不慣用的那隻手撥開包皮。

在這種情況之下，身為性對象的男性，就會在女性心中留下「這個人可以為我帶來快感」這樣的印象。如此一來，因為陰蒂高潮這個契機而帶來的快感，就會開始形成一個良性循環，本書中將其稱為「陰蒂快感循環」。

女性一旦進入陰蒂快感循環，不光是陰蒂，全身的性敏感帶都會變得越來越敏感。因為女性只要一看到身為性對象的男性，心中就會毫不自覺地出現「讓我達到高潮」的反應。

就某種意義來講，這可說是最棒的前戲。因為前戲的最大目的，就是讓女性的情慾亢奮到極點。也就是說，因為陰蒂曾經達到高潮而使得感受變得敏感的女性，只要與身為性對象的男性在一起，心情就會彷彿浸淫在前戲般舒爽愉悅。

此時只要輕撫情慾高漲的女性，就足以讓對方體會到快感。而原本只是為了讓女性安心及信賴而進行的前戲，也會慢慢變成兩人共享魚水之歡的前戲。

因此愛撫陰蒂時最重要的，就是儘量引導女性進入高潮。

陰道在體驗過性高潮之後，內部也會隨之變得敏感，而且光是這樣就足以讓女性情慾高漲。此外，被暱稱為「臍下大腦」的陰道，也會變得非常容易興奮。要是陰莖能在這種情況之下插入陰道的話……那豈不是此生最棒的性愛了？

毋庸置疑地，陰蒂是女性最容易達到性高潮的器官，但男性若是遲遲無法讓陰蒂亢奮的話，反而會引起女性的不滿及懷疑，甚至讓她們對性事感到厭惡。

換句話說，一旦開始撫摸陰蒂，男性勢必要完成他的性高潮使命才行。當然，有些女性反而是陰道內部比陰蒂敏感。

無論如何，既然這樣的女性曾經體驗過性高潮，照理說陰蒂應該也會覺得亢奮才是。上述提到的愛撫方法如果女性不排斥的話，那就不要停下手來，大膽地繼續撫摸，直到對方達到性高潮為止。或者稍微換個方法，改變一下指尖的方向，試著多方地加以摸索。不過，即便是情況如此，依舊要保持撫摸力道不變這個重點，能改變的就只有刺激的方向。就請大家參考乳頭的**觸摸**方式，從中摸索出最佳刺激方法。

◎第Ⅲ章
這樣做你也能成為前戲王！超實用性愛技巧

空前絕後的高潮時間！
指交的精髓

刺激陰道時務必要保持清潔，位置準確！

　　在進行指交之前，有一點要特別留意的重點，那就是指甲的長度與清潔工作。

　　從隨時都會分泌愛液這件事，可以看出陰道內部不僅非常脆弱，對於細菌反應更是敏感。所以指交的時候，男性的指甲若是又長又髒的話，反而會讓女性感染上性病，或者不慎把陰道內部給刮傷。既然我們的目標是更加熟練的前戲技巧，那麼修剪指甲這件事絕對不能忘記。

【加藤鷹式】

　　指交在前戲進行的過程當中，不僅可以直接為陰道帶來快感，讓陰莖插入時感覺更加強烈，在愛撫陰蒂這方面，更是一項極為重要的性愛技巧。反過來說，要是直接跳過指交這個步驟的話，陰道的內部就會來不及充分做好準備，以迎接陰莖的插入。可見在做愛的過程當中，指交是絕對不可或缺的一個項目。

【鷲爪式】

　　在指交進行的時候，重點在於準確刺激性敏感點，因為陰道內部並不是一個隨便刺激就會亢奮的器官，一旦偏離性敏感點，就只會給女性一種有異物插入的感覺，因而感覺到不舒服。

　　在這樣的情況之下，熟知陰道內部構造就顯得相當重要了。大家先看看右頁的「G點＆子宮頸所在位置」這張圖。

　　如圖所示，女性陰道內部的敏感點有兩

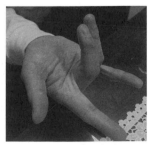

【蜘蛛俠式】

處。那就是大家應該都曾聽過的G點與子宮頸。

　　如果兩人的性經驗幾乎與AV男優一樣豐富的話，就能立刻找出性敏感點；但對性愛初學者而言，這是一件難度頗高的事。他們會在無法掌握G點位置的情況之下，拚命刺激無關緊要的部位。到頭來不僅男性自己疲憊不堪，就連女性也只會痛到快往生。整個結局，只能用慘字來形容。

　　既然如此，有沒有那種可以避免此類情況發生，又能準確刺激G點的方法呢？即便是經驗老到的AV男優，也是經過一段時間磨練之後，才能正確找出G點的位置，畢竟每位女性感受最為強烈的敏感點位置都會有所有不同。

　　因為實際上G點就是位於陰道上方的內部陰蒂，就跟裸露的陰蒂大小形狀因人而異一樣，位在體內的陰蒂也是如此，未必都會位在同一個位置上，而且也會隨著與陰道之間的距離不同而有所差異。因此當我們在尋找G點時，不管是所在的位置還是刺激的力道，都要根據女性的情況來加以調整或增加變化。或許有人會覺得尋找G點是一項艱鉅任務，但是只要稍微運用一些技巧，其實就能夠有效率地刺激G點。

　　那就是「捨點取面，愛撫刺激」的性愛技巧。

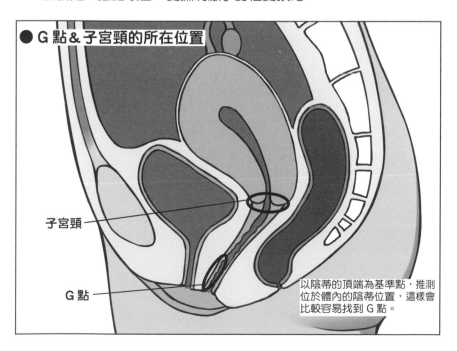

● G 點 & 子宮頸的所在位置

子宮頸

G 點

以陰蒂的頂端為基準點，推測位於體內的陰蒂位置，這樣會比較容易找到 G 點。

大家請看看第88頁的三張圖片。一般的指交手勢有傳說中的AV男優加藤鷹擅長的「加藤鷹式」、A片常見的「蜘蛛俠式」，以及三根手指交疊的「鷹爪式」這三種。

「加藤鷹式」會使用的是食指與中指。準確來講，兩指要併攏。這個手勢在以「點」刺激G點的時候，能夠發揮極大的效果，但如果沒有事先掌握對方陰道構造的話，手指偏離最佳敏感點的風險就會變大，算是適合性愛專家的手勢。

以一般男性來說，會比較建議採用「蜘蛛俠式」，也就是中指與無名指彎曲刺激陰道內部的方法。此時刺激G點的方式不是「點」而是「面」，這個手勢可以讓無法明確掌握G點位置的男性，也能夠刺激到這個部位，加上使用的是肩膀與手肘這兩個部位，就算是沒有什麼力氣的人，也能夠長時間抽送手指。A片之所以經常出現「蜘蛛俠式」，就是因為這是一個效率極佳的性愛技巧。

以「蜘蛛俠式」的手勢來刺激G點的訣竅如右頁圖片所示。

首先將手掌朝上，中指插進陰道內。不直接插進兩根手指的原因，是為了讓陰道先知道「有東西插進陰道內」，以便降低感覺疼痛的風險。此時要留意陰道內部是否夠濕潤。若是還沒濕潤，就代表陰道內部還沒做好準備，因此我們要回到之前提到的前戲，再來一次，好讓陰道準備更加完善。

確定陰道已經整個濕了，就可以準備插入中指。但是插入時不可用力，要讓手指沿著陰道壁緩緩伸入其中。

中指插進深處之後先靜止兩秒，讓陰道記住這根手指的形狀。說來神奇，陰道內部的形狀會隨著插入物的外型而調整，因為這個器官具備了與插入的異物緊密服貼的機制。

等陰道熟悉手指，接下來將中指朝肚臍方向彎成「＜」狀，慢慢地沿著陰道內部上方往前拉。拉到底的時候，會發現有個地方黏膜觸感以及女性感受有所不同，這個地方就是G點。

刺激G點時只是移動指尖稱不上是一個好方法，因為這麼做可能會讓陰道內部擦傷，而且男性整隻手的肌肉也會非常容易疲勞痠痛，這樣反而無法繼續進行下去。

一旦掌握到G點的位置，便可將指根貼放在陰道口旁，當作「支撐點」來固定。只要抓住這個支撐點，就能夠準確刺激G點。

此時的重點如前所述，要用指腹以「面」來按壓G點，不能靠指

尖以「點」刺激。動作方面，基本上手不是前後抽動，而是要用手臂上下按壓，這樣手指才不會偏離G點，並且持續給予女性快感。

這個G點刺激法有個練習方法效果還算不錯。首先，用水性麥克筆在比較不慣用的那隻手掌心上畫個「×」，接著將這個「×」當作G點，試著以慣用手的手指刺激看看。已經掌握訣竅的人因為支撐點不會移動，所以「×」字不會消失。大家不妨試著練習看看，儘量不要把「×」字擦掉。

子宮頸一旦亢奮，
女性就會春心蕩漾!?

若要加強快感，那就要刺激子宮頸了。

子宮頸是位在陰道深處的子宮口、觸感彷彿厚脣的部位。這也是一個非常敏感的部位，對年輕女性而言更是如此。不管是什麼樣的性愛專家，挑逗時往往會讓不少年輕女性因為刺激過於強烈而感到疼痛。因此當我們在觸摸時，一定要先試探對方的反應才行。

女性若是不排斥，那就可以立刻刺激子宮頸看看。子宮頸的

● G 點的刺激方法

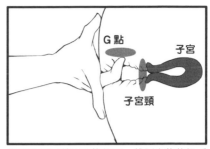

先用中指尋找G點的位置。找到之後整根手指貼放在這個部位上，第二關節彎曲。

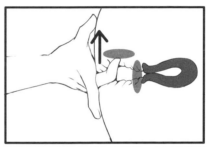

刺激G點時要以指根為支撐點，上下移動整隻手臂，儘量不要只有手指在動。

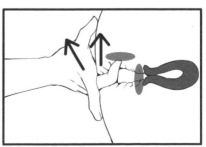

當女性反應越來越大，陰道也變得濕潤之後，就可以插入無名指，改用蜘蛛俠式的手勢，向上按壓或往後推拉，支撐點儘量固定不動。

性感帶並不是子宮口，正確來講，是這一帶的末梢神經讓女性有所反應。

因此愛撫的時候與其激烈按摩，還不如溫柔地加以撫摸。偶爾輕碰無妨，但這是一個嬌柔的部位，所以要特別小心留意，儘量不要傷到子宮頸。

此時觸壓的力道，以之前提到的輕柔觸摸為基準，不過指尖可以稍微用力。子宮頸是一個形狀宛如嘴脣的突起物，因此要儘量撫摸周圍。

不過，子宮頸和G點一樣，不管是形狀還是性敏感點都是因人而異，因此也沒有和G點一樣有個明確指標，性感帶有時是在子宮頸脣後側，有時是在頂端，這都是要靠經驗來尋找。一切只能在嘗試與錯誤之間慢慢地累積經驗。

據說女性只要體驗過子宮頸高潮，就會變得非常容易達到性高潮，而且感覺還會比陰蒂高潮來得深且持久。有的人甚至因為子宮頸過度亢奮，結果在日常生活當中性致揚起好幾次呢。

身為男性，當然會恨不得給女性一個永生難忘的激情，但是愛撫子宮頸確實是一個難度相當高的性愛技巧。因此在女性習慣指交愛撫之前，大家不妨稍加變化，重點式地觸摸，沒有必要霸王硬上弓，自顧自地強行刺激挑逗。

Column 07

被女性挑逗刺激時……

　　被女性挑逗刺激時，大家會發聲呻吟嗎？

　　日本人男性通常會覺得，將亢奮的情緒表達出來是一件害羞尷尬、毫無帥氣可言的事，就算讓女性品玉吹簫，從頭到尾往往是悶不吭聲、暗爽在心。

　　但是這樣的反應反而會讓女性格外傷心，畢竟她們也會希望對方能夠慾火焚身，所以才會特地舔舐全身，甚至為男性口交，但是男性卻毫無任何反應。在這種情況之下，情慾怎麼會燃燒得起來呢？

　　此時能夠派上用場的，就是「鴕鳥俱樂部法則」。大家應該都知道日本的搞笑藝人團體鴕鳥俱樂部，曾經以誇張的表情在觀眾心中引起極大迴響。

　　同理，當女性在挑逗刺激的時候，身為男性的我們要是也能夠毫不保留地將反應表達出來的話，對方的情慾就會跟著高漲。

　　但反應要是突然太過誇張，反而會顯得不自然，因此我們要循序漸進，一步一步慢慢來。

　　剛開始先「啊～啊～」地喘息吐氣，感覺若是酥軟舒爽，就輕聲呢喃「好舒服喔」。等到快感變得更加強烈的時候，就可以透過全身來表達感受，例如抖動肩膀，或者弓起腰部，並且明確告訴對方「真的好爽」。

　　最後再臨門一腳，一邊撒嬌一邊哀求對方「快不行了，我快射了」，反應和鴕鳥俱樂部的成員快要被推進熱水之前，一直大喊「你不要推喔」一樣。

　　這種事其實不丟臉。既然男性喜歡看女性做愛時的反應，女性當然也會喜歡看男性有多興奮。就讓我們把女性愛撫時感受到的反應，當作是營造情慾氣氛的一部分前戲，毫不保留地展現出來吧。

Chapter.03

深入引導高潮的
舔陰祕訣！

吸吮陰蒂的「口」技

當今在性愛遊戲中，女性為男性口交已經是基本的玩樂方式了，但為何男性對舔陰卻是敬而遠之呢？

有的人不太能接受女性性器那股獨特的氣味與形狀。但要記住，大多數的女性其實是希望對方能夠為她舔陰的。

女性之所以想讓人舔陰，理由和男性希望有人為他口交其實相差無幾。除了因為對方「竟然願意舔舐這個令人尷尬害羞的地方」而感到驚喜之外，另一個理由，就是能夠感受到指交難以帶來的快感。

其實當我們在愛撫陰蒂的時候，最有效的方法就是舔陰。陰蒂雖為突起物，但是比乳頭小，用舌尖挑逗的話未必能給予這個部位強烈的刺激感受。但是舌尖在觸壓時，力道反而比指尖還要恰當，讓人更容易達到高潮。可見舔陰這個性愛技巧，其實是值得大力推薦給對前戲及性事沒有什麼自信的人。

有些人誤以為舔陰是要將舌頭伸進陰道內，但其實這是一個主要用嘴脣與舌頭，來刺激陰蒂及其周圍部位的性愛技巧。舔陰的方法和之前提到的愛撫一樣，要儘量「由下往上」。AV男優清水健曾經告訴大家，舔的時候不要「貼舔」，而是要「彈舔」。「貼舔」只是單純一舔而過，但是「彈舔」的話，則是有點像在輕彈陰蒂。

舔陰的重點和愛撫一樣，以「由遠到近」為基本原則。因此當我們在舔陰的時候，不要立刻刺激陰蒂，要先從小陰脣這一帶輕舔，讓女性漸漸把持不住不再矜持。這點很重要。

此時「焦急」這個性愛技巧就能派上用場了。女性心裡頭會「想要從陰蒂來得到快感」，此時若是一直故意在「遠處」愛撫的話，就能夠讓女性在「委身於你」的情況之下壓抑性慾。

舔舐陰蒂這一帶時，訣竅在於舌頭要從大陰脣與會陰（肛門與陰道之間）舔弄而過。尤其會陰這個部位也是性敏感帶，只要重點式地刺激，陰道內部就會慢慢收縮，如此一來女性身心就會做好準備，等

◎第Ⅲ章
這樣做你也能成為前戲王！超實用性愛技巧

待男性插入。

到目前為止，我們不疾不徐地刺激了陰蒂周圍著一帶。接下來要以陰道口下方為出發點，用舌尖朝陰蒂方向「彈舔」。此時最好和愛撫陰蒂的時候一樣，先用手將包皮撥開。舌頭的力道比手指弱，因此男性在舔陰時要好好地將包皮撥開，這樣女性才會更敏感。

還有一個難度稍高的技巧，那就是用嘴脣撥開陰蒂包皮。此時要將嘴脣內側貼放在門牙上，啾嘴推開陰蒂頂部。另外一種技巧可以直接用門牙撥開包皮，但在熟悉這個方式之前，先隔著嘴脣保護陰蒂會比較保險，畢竟這個部位比乳頭敏感許多，稍有不慎，極有可能會把女性給弄疼。準備就緒之後先深呼吸，接著感覺像是在吸食小葡萄般用舌頭愛撫裸露的陰蒂。

這個時候舌頭要放輕鬆，儘量用舌面舔弄整個陰蒂。舌尖舔陰雖然是為了不讓性伴侶感到乏味而採用的愛撫方式，但光憑這個方法是無法引導女性進入高潮的。

另外，對女性來說，用嘴脣舔咬吸吮陰蒂的性愛技巧所得到快感，高漲程度其實因人而異。經過一番嘗試之後，對方的嬌喘聲如果越來越大，或者是下半身的反應越來越激烈的話，繼續進行當然是不成問題；但對方要是反應不大，那就沒有必要硬撐，勉強自己繼續進

●實用舔陰技巧

①口含大量的唾液，不斷舔弄性器周圍。

②從陰道口下方一口氣舔到陰蒂。

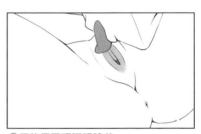

③用整個舌頭彈舔陰蒂。

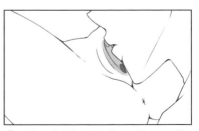

④一邊用嘴脣輕輕吸吮，一邊用舌頭上下左右舔弄。

行下去。

ＡＶ男優實踐力行的舔陰指交合體絕招

　　舔陰的時候，雙手晾在一旁沒事做怎麼辦？就算用上雙手來撥開包皮，到最後慣用的那隻手就是會閒置在旁，實在是有點可惜。

　　有鑑於此，接下來我們要介紹ＡＶ男優如何利用那隻閒置的慣用手，為女性帶來更多快感的性愛技巧。不過，對於已經將本書閱讀到這一頁的讀者而言，這個方法其實並不難，只要舔陰的時候一邊刺激陰蒂一邊指交，挑逗Ｇ點就可以了。也就是說，這是一個融合了指交與舔陰的性愛絕招。

　　之前提到Ｇ點是隱藏在體內的陰蒂。以男性的身體來比喻的話，陰蒂的頂端相當於龜頭，體內的Ｇ點則是陰莖的肉棒部分。也就是說，以男性的立場來比喻的話，那就是一邊舔舐龜頭，一邊上下推拉肉棒。

　　加上陰蒂的敏感程度無法與陰莖相比，如果能夠用上這個合體絕招，效果就會更加彰顯。其實不管是哪一個ＡＶ男優，大家都知道要如何運用這個必殺技，而且這個技巧也比讓女性透過子宮頸達到高潮還要來得好記，值得一試。

　　要是大家已經學會用嘴巴撥開包皮的話，那麼閒置的手就會再多出一隻。此時這隻手就能夠用來刺激乳頭，或者是稍微變換姿勢，女性在上，這樣就可以採用69體位了。

　　由此可見，舔陰是一種讓所有性愛遊戲進行得更加順利、給予女性強烈快感的前戲性技。

illustration by 蒼井遊美

善用前戲，
共享魚水之歡的示範流程

運用前述的性愛技巧，舉槍直入！

接下來的內容將要告訴大家，該如何將目前為止所學習到的前戲技巧，靈活地運用在床笫的實戰上。

右頁所刊載的圖表是做愛的示範流程。當兩人來到了飯店、平躺在床之後，可以從聊天開始。

應女性要求沖澡將身體洗乾淨，房內燈光調暗等事前準備都做好之後，兩人先躺在床上談情說愛。此時調情的重點在於含情脈脈、凝視對望。要是女性會覺得害羞，望著天花板也沒關係，但是一定要同時觸摸對方身體的某個部位，例如牽手。

這個時候若是聊得太開心，浪費太多時間在這上面的話，女性的大腦說不定就會從性愛模式轉換正常模式。所以聊了1～2分鐘之後，就儘快進入下一個步驟的擁抱階段。

關於擁抱的細節如第56頁所述。既然兩個人是躺在床上，簡單的互擁會比較順手自然。這個時候的重點在於，將身體面向女性這一側，用單手抱住女性的肩膀，或者是將手臂繞到女性脖子後方，溫柔地扶著對方的後腦勺也可以。這個時候如果能輕聲在女生耳邊說「我喜歡妳」的話，就能夠一口氣拉近兩人之間的距離。

將對方擁入懷中時，不妨試著輕撫對方的臉龐或頭髮，簡單愛撫一下。此時兩人若是已經躺在床上的話，身為性伴侶的女性情緒應該會相當亢奮，並且做好受人愛撫的心理準備。擁抱的時間大約1～2分鐘就可以了。緩慢性愛的話，有時會花更多時間在擁抱上；但如果是一般性愛的話，在親吻之前，這樣的擁抱時間會比較恰當。

進展到親吻階段的時候，大家可以參照第58頁，花個3分鐘的時間，慢慢感受脣瓣的觸感。接吻的重點，在於彼此之間的做愛時機與節奏是否合拍。此時不需多慮，配合彼此的動作才是最重要的。

動作合拍之後，先享受熱情的深吻，再用手指與舌頭愛撫全身。愛撫時建議大家從嘴脣、耳朵一直向下撫摸到脖子，讓這一連串的動

00:00 ～ 01:30
談情說愛
▼

01:30 ～ 03:00
互相擁抱（請參照 P56 ～ 57）
▼

03:00 ～ 06:00
深情熱吻（請參照 P58 ～ 63）
▼

06:00 ～ 07:00
一邊輕碰身體，一邊親吻對方
▼

07:00 ～ 09:00
愛撫臉龐～脖子、耳朵（請參照 P66 ～ 68）
▼

09:00 ～ 12:00
愛撫後背、臀部與大腿（請參照 P69 ～ 72）
▼

12:00 ～ 15:00
愛撫乳房（請參照 P69 ～ 72）
▼

15:00 ～ 20:00
愛撫陰蒂（請參照 P82 ～ 87）
▼

20:00 ～ 25:00
舔陰＆指交（請參照 P88 ～ 98）
▼

25:00 ～ 40:00
抽插時間
▼

40:00 ～
後戲

作順其自然地進行下去，這樣接吻營造的親密感，在愛撫的時候才不會變淡。此時上半身的愛撫及親吻，可以再多重複兩次。

在這種情況之下，情慾高漲的女性就會忍不住想要觸碰男性身體的某一部分。雖然情況因人而異，但那些被人稱為「鮪魚女」的女性之所以會毫無反應，原因並不在於她們性趣缺缺，或者是覺得麻煩。她們應該只是單純在前戲階段毫無任何感覺，或者是因為不安恐懼而不敢亂動。

以神經心理學的立場來看，女性的大腦原本就會發出尋求男性的指令，這是一種本能。因此，只要讓她們放下理智，十之八九的女性應該會忍不住想要撫摸男性才是。

倘若女性將手伸向臉龐，那麼兩人可以凝望彼此，或者是狂熱舌吻；要是女性將手伸向胯下，那就讓她盡情撫摸。不過此時先不要急著脫下褲子，只要將你亢奮的情緒傳給對方知道就可以了。

就算女性想要伸手撫摸，也要控制亢奮的情緒，讓慾火「熊熊燃燒」。

進行愛撫的時候，乳房、乳頭及陰蒂這些核心部位絕對不能省略，一定要好好撫摸後，才能進入下一個步驟，千萬不要敗給射精這個慾望。但也沒有必要甩開女性那隻游移的手，採取行動時動作自然一點，對方應該會默默接受。再來就是進行類似前一頁的前戲步驟，準備抽插運動。

做愛的時候有一點要注意，那就是別讓自己因為缺乏自信，而不小心問對方「你覺得不夠爽嗎？」女性正拚命地想要走出理性這個外殼，但是大腦的語言區卻因為這句話而突然運轉起來，整個人被拉回現實之中。因此不管是愛撫還是插入，男性都要儘量避免讓女性因為自己隨口說出的一句話，而被「拉回」現實之中。

illustration by 紅威ヨル

男性容易忽略
重要的後戲時間

控制賢者時間，掌握女人心

當激烈地交合做愛、射精繳械之後，男性不僅大汗淋漓，原本亢奮無比的情緒，也會隨之迅速冷卻下來。這就是性事的消退期，也就是所謂的「賢者時間」。

倦意頻頻來襲，眼皮沉重無比……整個人沉溺在「精彈已空，下次再戰」的情緒之中。對男性來說，一旦射精，就代表這場激情已經結束；但對女性來講，射精之後緊接而來的性愛時間才是最重要的。

如此說法並不誇張，因為與追求肉體歡愉的男性相比，女性渴望的是藉由激情讓心靈得到滿足。如前所述，男性在射精之後漸漸冷靜的過程當中，女性其實還沉浸在性高潮所帶來的快感之中。此時此刻，女性內心其實極度渴望男性能溫柔對待。在如此情況之下，後戲就顯得相當重要了。

至於後戲該如何進行，需隨性愛結束時的狀況、以及兩人當時的氣氛而定，並沒有固定的技巧或者是步驟，可以是凝視對望、親吻擁抱，也可以告訴對方「剛剛真的很棒」、「我愛你」之類的情話。若是已經累到動彈不得，牽牽小手聊聊天也可以。

女性會藉由後戲來確認對方是否珍惜自己，從而感受到滿足感與幸福感。相反地，此時男性要是射後不理，轉頭呼呼大睡的話，好不容易累積起來的炙熱愛情，恐怕就會立刻降溫。

其實兩人在經歷一場激情過之後，最能深烙在女性腦海裡的，就是後戲留在心中的印象。好不容易擁有一場讓對方心滿意足的激情，要是因為賢者時間不當的度過方式而化為烏有，這豈不是讓人懊悔萬分？

既然前戲是為了引導女性得到快感，那麼後戲當然就要在女性心中留下「有此激情，此生無憾」的印象。就讓我們秉持這樣的態度，盡量在女性心中留下無以抹滅的餘韻吧！

Column **08**

做愛的步調是？

　　為了騷動情慾，我們常以為只要禁慾一段時間，做愛時快感就會更加強烈，其實這是一種誤解。男性忍耐數日之後再自慰的話，射精之後得到的快感確實不同凡響，因為男性是一種隨時處於情慾之中的生物。

　　但是我們知道女性的情況截然不同。她們的性慾會在某段期間內週期性地高漲，那就是排卵日的前三天，以及生理結束後約過12～14天的這段期間。

　　此時女性求愛若是得不到回應，性慾只會一直累積無處發洩，到頭來只會招來不滿，最後說不定會導致兩人分手。

　　無性生活一旦持續下去，女性就會非常容易對性產生排斥感，煩惱自己是不是已經沒有魅力了，不然就是懷疑對方是不是有外遇，情緒會變得不穩。

　　情緒要是不穩的話，就會影響到正常的生理週期，性慾也會因而變得不易高漲。

　　說來或許有點蠻橫無理，但是女性要是向你求歡，就算有點累，也要儘量配合回應，這樣兩人的戀情才能長長久久持續下去。

　　有人說在戀愛時兩人一週最起碼要做愛一次，這樣感情才會比較容易維持下去，供大家參考（不過也有女性反應每天都做的話次數會太多）。

　　另外，女性在35～40歲這段期間是性慾的高峰期，正好與男性性慾減退時期重疊。

　　雖然不知道男女為何會出現差異，但兩人若要融洽相處，似乎就只能靠其中一方態度成熟一些，調整腳步來配合對方了。

Chapter.03

不可不知的
性高潮科學

女性神祕的性高潮

　　男性的性高潮不過是單純刺激之下所發生的射精行為，而且相當實際。另一方面，女性的性高潮在構造上，其實比男性還要複雜。像是男性的性高潮往往伴隨著以繁殖為目的的射精行為，但是女性受孕卻不一定要性高潮。更何況只要她們習慣了，假裝高潮根本就不是什麼難事。女性充滿神祕色彩的性高潮，讓不少研究人員試圖想要闡明相關機制。有的研究人員甚至因為覺得「女性的性高潮沒有太大的意義」，而拋棄這個主題，但就現實而言，女性要是達到性高潮的話，確實可以大幅提升受孕的機率。

　　研究女性性高潮的第一把交椅是威廉・麥斯特與維吉尼亞・強生，本書曾在第46頁中介紹過，他們將女性的快感分為興奮期、高原期、高潮期與消退期這四個階段。繼續深入研究之後，他們發現在這四個階段當中，包含陰道及子宮在內的性器官，會出現情況如同右頁圖片的不同反應。

　　有趣的是，女性一旦進入高潮即將來臨的高原期時，陰道深處就會形成一個可以儲存精液的「精液池」，而且還會像帳篷那樣膨脹。

　　例如當我們利用指交這個愛撫方式，讓子宮頸進入高原期時，會感覺陰道內部好像整個擴大。這是陰蒂達到性高潮時不常出現的反應，但是具體情況尚未得到闡明。

　　無論如何，女性的性高潮應可說是為了迎接男性的陰莖及精液而產生的反應。

　　舉例來講，女性一旦達到性高潮，身體就會暫時固定不動。因此有人認為如此反應是為了將精子留在體內，同時預防精子流出體外的一種方式。

　　另外，因為性高潮而產生的肌肉痙攣及子宮收縮現象，據說具有將精子吸進子宮的效果。也就是說，陰道內部因為性高潮而不斷蠕動的褶皺，會拚命地將精子吸起來。過去還曾經發生過陰道吸力過大，

第Ⅲ章　這樣做你也能成為前戲王！超實用性愛技巧

●性器官達到性高潮的反應

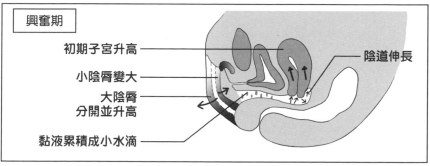

興奮期

初期子宮升高

小陰唇變大

大陰唇
分開並升高

黏液累積成小水滴

陰道伸長

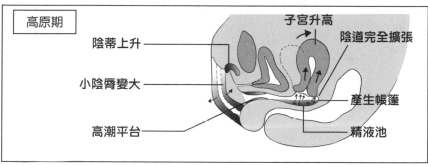

高原期

陰蒂上升

小陰唇變大

高潮平台

子宮升高

陰道完全擴張

產生帳篷

精液池

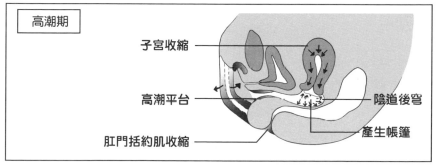

高潮期

子宮收縮

高潮平台

肛門括約肌收縮

陰道後穹

產生帳篷

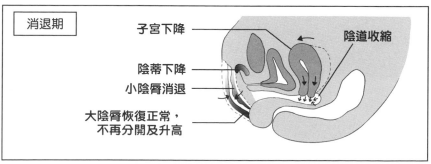

消退期

子宮下降

陰蒂下降

小陰唇消退

大陰唇恢復正常，
不再分開及升高

陰道收縮

而讓保險套脫落的例子。順便告訴大家，當時那個保險套是在子宮頸管這個細管中發現的，可見陰道因為性高潮而產生的吸力力道其實是非常強的。

另外，據說女性達到性高潮所花的時間，是男性從勃起到射精的3～10倍。有人說男性之所以較早達到高潮，是因為女性要在男性射精之後達到高潮，這樣才會比較容易懷孕，而且也有實際的研究結果證明此言不假。

現在大家應該已經知道，女性的性高潮對於受精與懷孕有多重要了吧？

順帶一提的是，據說女性因為性高潮而得到的快感，是男性的好幾十倍。其因在於女性可以在同一場性愛中達到多次高潮，而且高潮的餘韻還會持續一段時間。此時女性的視覺、聽覺以及味覺都會處於麻痺狀態之中。

到目前為止，我們站在科學的立場來概觀女性的性高潮，同時也明白女性性高潮的功能比男性還要多樣。不僅如此，女性的性高潮還並不是因為對方「很會做愛」，或者是「小弟弟很大」等單純的理由而引起的。

女性在承受高壓的情況之下，是無法得到高潮的。也就是說，當她們感到緊張或不安時，大腦的杏仁核就會發揮作用。在這種情況之下，性興奮會難以產生。常聽女性說「氣氛非常重要」，這是不可否認的真理名言，因為女性必須完全處於放鬆的狀態之下，才會比較容易達到性高潮。

因此，與初次見面的男性相比，交往中的那位摯愛男性所擁有的小弟弟，反而比較容易讓女性情慾亢奮。就算是人稱蕩婦的女性，也鮮少會有「一見面就上床」這種情況出現（儘管A片時而會出現這種情節⋯⋯），通常都是要先吃個飯、約個會，奠定信賴關係至某個程度之後，兩人才會發生關係。不僅如此，第一次與某位男性做愛的情況，女性也是要適應才行。

以在交友咖啡廳第一次碰面的女性為例，兩人要是連飯都沒有吃就直接上床的話，得到的會是相當冷淡的反應。男性就算使出所有看家本領，用上所有性愛技巧，讓女性達到性高潮的幾乎根本就是零。

另外，女性的性高潮有深有淺。程度較淺的性高潮算是「淺層高潮」，也就是愛撫陰蒂所得到的那種微微亢奮的感覺。

淺層高潮屬於器質性，若有成人玩具輔助，就會比較容易得到高潮。缺乏信賴感、偶然發生的性行為所產生的高潮，通常都是這種程度。就算男女關係相當親密，男性要是沒有引導女性進入深層高潮的話，到最後整場性愛就會如同上述情況，在淺層高潮中劃下句點。每次做愛都缺乏深層高潮的話，到頭來反而會讓女性對性事越來越沒有興趣。

既然如此，我們要如何引導女性得到深層高潮呢？關鍵在於讓性伴侶進入某種恍惚狀態。雖說是恍惚狀態，但並不是要大家使用春藥或者是催眠術，而是男性要巧妙地誘導女性，讓對方順其自然地沉浸在快感之中。曾經有份報告指出，女性若是達到深層高潮的話，大腦就會產生 θ 波。這種狀況和進入深度催眠狀態是一樣的。如此一來，女性應該就會成為你的俘虜了吧！

深層高潮也是吸引女性的最佳武器，因為女性會對為自己帶來性高潮的男性越來越有好感，信賴感也會跟著增加，就像是一種魔法，能夠俘虜女性芳心。

這個時候能夠發揮極大功效的就是前戲。而在引導女性達到性高潮時，最重要的就是要努力了解性伴侶。

乳頭、陰蒂、子宮頸⋯⋯女性的性敏感帶可說是數不勝數，但是感受的方法卻因人而異。之所以會出現這種個人差異，原因在於女性是「透過大腦來達到高潮」的感覺較為強烈。如果光是只靠抽插，恐怕是很難讓女性達到高潮的。因此我們要了解女性的內心反應，並且根據情況，採用可以引導女性得到快感的適當前戲技巧，如此方能讓女性感到安心，並且得到對方信賴。

只要善用前戲，誘導女性得到快感，之後再插入陰莖。當兩人合而為一時，再利用後戲讓激情的餘韻轉變成愛情⋯⋯相信今後在做愛的時候，大家的性愛技巧一定會突飛猛進。

Column **09**

SM 真的會讓人興奮嗎?

　　到目前為止我們提到女性在亢奮時,出現的反應會各有差異,而帶有M(被虐)性質的女性,正好說明了這樣的個人差異。

　　如上所述,對於性偏好比較普通的女性而言,疼痛影響快感的風險其實很高。但如果是帶有M性質的女性,疼痛與痛苦反而容易讓人感受到快感。這種情況難免會推翻前文所提到的理論,不過帶有M性質的女性,應該算是一種非常特殊的存在。

　　首先,我們可以大致將SM玩法分為精神玩法與肉體玩法。具代表性的精神玩法,有放置PLAY以及野外羞恥等,凌辱心靈勝於肉體的性玩樂方式。另一方面,肉體玩法的話則有道具凌辱、綑綁與打屁股等玩法。

　　這類的SM玩法種類琳瑯滿目,但是對於喜歡精神玩法的女性來說,肉體玩法帶來的並不是快感,單純只是一種痛苦而已。

　　那麼,精神玩法為何會讓M性質的女性感受到快感呢?

　　如此情況應該與當事人的成長歷程、以及性事初體驗有關係。就心理學來講,心理創傷也有影響。對具有M性質的女性來說,上述所提到的普通性愛,其實無法活絡她們的大腦快感迴路。

　　因此有的女性只要被綑綁就會感受到快感,但是她們有時反而會因為無法暴露自己的性癖好而苦惱不已。男性若是喜歡這樣的女性,記得一定要用心傾聽對方的煩惱,並且盡可能地接受並包容對方的性癖好。

第 IV 章

插入之前的常見疑問
令人有點在意的Q&A

做愛現場常見的各種疑問
其實隱藏著重要暗示!?

愛情旅館裡的成人玩具要怎麼玩？

A 確實有些女性不敢碰成人玩具，
那麼，就先讓她們習慣用成人玩具刺激吧！

①電動按摩棒

電動按摩棒在當今的社會中，已經被賦予引導女性享受歡愉的性愛工具這個地位了，最近連愛情旅館也會在床頭旁放上一支。只要觀賞成人影片，不難明白其所帶來的絕佳效果。其所擁有強大威力，更是讓眾人認為只要人手一支，就能輕而易舉地讓女性酥軟銷魂、嬌喘連連。

然而，實際在使用電動按摩棒的時候，方法如果不當的話，非但無法讓女性飄飄欲仙，反而會讓她們痛不堪言。電動按摩棒的震動力其實非常強烈，畢竟這原本是用來紓解肩膀痠痛的按摩器。震動力之強，是可想而知的事。

我們往往以為震動力越大，快感就會越強烈。其實第一次使用電動按摩棒的女性，對於疼痛的感受會比較敏銳，再加上對震動有所恐懼，因此心中對於電動按摩棒的那份排斥感，根本就無法讓她們感受到快感。

因此，我們會建議大家自己先試用電動按摩棒一次看看。沒錯，就是把電動按摩棒貼放在龜頭上，實際體驗一下震動的感覺。

女性的陰蒂比男性的龜頭還要嬌柔，要是電動按摩棒的震動力，強到會讓龜頭感到疼痛的話，那就不要在女性身上使用這個成人玩具。

震動強度在調整過之後，若是覺得還可以接受，那麼下次就不妨請女性實際體驗看看。

首先，將電動按摩棒貼放在女性的耳邊，測試一下她們的反應。貼放在胸部也可以，不過應該不會有什麼效果。但既然乳頭是性敏感帶，感覺應該會非常敏銳才是，只是電動按摩棒大大的頭部稍嫌笨拙，用來刺激乳頭其實不太合適。

既然如此，那麼電動按摩棒第一個要刺激的部位，該選擇哪裡會比較好呢？答案是恥骨下方。這個部位算是子宮頸的性敏感帶之一，只要感受到震動，就會敏感出現反應。特別是像陰道已有抽插經驗的已婚人妻等女性，電動按摩棒的效果通常是立竿見影。

測試的時間大約10秒。只要對方習慣電動按摩棒的震動，接下來就可以準備刺激性器官。

刺激性器官的時候，身為性對象的女性若是初次體驗電動按摩棒，那麼震動的強度最好調在「弱」。可以的話，隔層內褲會比較好。

畢竟陰蒂的敏感程度是子宮頸性敏感帶無可比擬的。身經百戰的AV女優另當別論，但對方如果是一般女性，做愛時若要用上電動按摩棒，那就要多加留意對方的反應了。

電動按摩棒可從各個角度來刺激，至於刺激哪個位置感覺才會最舒服，端視對方的陰蒂形狀如何。另外，電動按摩棒的頭部以及震動方式不同，也會產生微妙差異，建議大家從中找尋最佳的刺激位置。

最常讓人誤解的就是，電動按摩棒並不是長時間貼放在陰蒂上刺激就可以。震動時間若是太久，陰蒂的感覺就會變得異常，這樣反而會讓女性錯過抓住達到高潮的那一刻，雖然這種情況相當罕見。

因此，我們要稍微花點巧思，電動按摩棒每震動10秒就要拿開一次。哪怕只是移開一下下也沒關係，總之就是要讓刺激部位稍微休息一下。

②震動器

不管是形狀、震動方式，還是頭部的轉動方式，震動器的種類都多到令人眼花撩亂。

震動器有別於電動按摩棒，是直接刺激陰道內部的性愛玩具，所以在使用上需要多加留意才行，要是硬塞進陰道裡的話，極有可能會傷到內部。

對於初學者，我們會推薦用「醫用矽膠」製作、質地較為柔軟的震動器。近年來震動器除了造型設計外，在形狀方面對女性來講也變得相當服貼舒適，而且醫用矽膠的Q彈觸感，也不容易傷到陰道內部。

成人影片經常出現的尺寸巨無霸，或者是表面有顆粒的震動器，都是性愛高手專用的。即使是已經習慣這些成人玩具的AV女優，在插

入震動器之前，也習慣先套上一層保險套（震動器凌辱片除外）。既然這個震動器是這樣的一個成人玩具，除非對方是一位平常就在自慰的女性，否則使用時最好是選擇質地柔軟的震動器會比較妥當。

使用時的基本重點，就是震動器的插入部分要塗抹潤滑液。不管女性陰道有多濕潤，既然這是一個明顯有別於陰莖的異物，那就代表這個震動器未必能順利插入陰道中。就算塗抹了潤滑液，只要女性不習慣，還是會感到疼痛的，因此在使用上要多加留意才行。

插入時不要一口氣塞進去，要和指交的時候一樣，先用震動器在陰道口附近震動十幾秒，等對方習慣之後再慢慢插入陰道中。等到陰道習慣之後，震動器所帶來的效果就會加倍。其所帶來的是與陰莖截然不同的快感，因此女性應該會玩到上癮才是。

③跳蛋、遙控跳蛋

也就是人稱pink rotor的小型震動器，適合用來刺激乳頭。

跳蛋過去是成人玩具的代表產品，現在則是被視為是次要的性愛玩具，只要花個幾百日圓就能在情趣用品店買到。最近常見外型如同電腦滑鼠的跳蛋，降低了女性對這種性愛玩具的排斥，也算是優點之一吧。

不少人應該曾經在成人影片中，看過女優在陰道裡塞了好幾個跳蛋的場景，但是這種玩法可能會讓一般女性卻步，除非是M癖好非常嚴重的女性，否則不建議大家這麼玩。

另外，遙控跳蛋是能夠遠距操作的跳蛋，適合野外玩法。但是他人在旁時最好不要使用，盡量在兩人獨處時稍微惡作劇，調戲對方時再用。

④快樂棒（假陽具）

外型模仿男性性器的成人玩具，也就是所謂的假陽具，主要是使用於欣賞女性自慰的時候。快樂棒可以刺激到陰道深處，但既然要這麼玩，用震動器會比快樂棒還要來得合適。

既然如此，我們不妨把快樂棒當作是挑逗凌辱女性的成人玩具就好。

illustration by urute

進行前戲的時候
要聊什麼呢？

> A 　枕邊細語時，不妨輕聲問對方：「不會〇〇嗎？」
> 　以一顆溫柔體貼的心來營造氣氛。

　　做愛時聊天的話，必須承擔破壞氣氛的風險，不過有些話在這個時候說，反而會讓女性更加沉迷陶醉。那就是讓對方感到窩心的話。

　　最實用的一句，就是「不會痛嗎？」

　　舉例來說，有不少女性喜歡舔咬或者是稍微用力吸吮乳頭的愛撫方式。但是男性的「稍微用力」與女性想要的「稍微用力」，有時候感受上的差異會過大，而且男性施力過猛的情況，更是層出不窮。話雖如此，我們也不需要過於膽怯，要是因為這樣而不敢對性伴侶做出對方希望我們做的事，豈不本末倒置？

　　在這種情況之下，大家不妨先觀察一下情況，接著再問對方：「不會痛嗎？」這個「不會〇〇嗎？」，是一個容易讓對方坦率回答的問法。要是對方回答「嗯」，就代表現在的她正在享受歡愉、樂在其中，這樣我們就可以繼續下去，讓對方情慾更加高漲。

　　要是對方回答「好像有點痛」，就代表她不習慣這個玩法。此時先說聲「抱歉」，吻一下對方。只要這麼做，相信你的性伴侶應該就會立刻回到原本的興奮狀態之中。

　　另外，「不會痛嗎？」這句話會讓女性覺得你有在關心她而感到安心。因此當我們在愛撫的時候，除了讓對方感受到快感，也要多加關心對方，幫她舒緩心中的緊張情緒。

　　不過有一點要多加留意，那就是不要一直問對方，否則你的性伴侶會覺得很厭煩。每次做愛的時候差不多問一兩次就可以了。

　　另外，在插入陰莖之後立刻問對方：「還好嗎？」也能帶來不錯的效果。總之要貼心一點，性伴侶要是覺得會痛，那就放慢動作，直到對方習慣為止。

illustration by urute

接吻的時候
可以睜開眼睛嗎？

> **A** 當兩人唇瓣重疊時，最好閉上雙眼，
雙唇離開之後凝望彼此。

接吻時要閉上眼睛……應該很多人都會這麼想吧？然而要這麼做其實是有一些理由的。

我們都知道，接吻所包含的訊息比大家想像的還要多，而且女性在被男性親吻時，腦內還會啟動各種檢查功能。在交換唾液的過程當中，女性的大腦會開始判斷DNA。在心理上，女性比較容易對興趣相近的男性投以好感；而在生理上，大腦會毫不自覺地發揮自我補足DNA的功能。甚至有數據顯示，59％的男性與66％的女性接吻要是缺乏默契，兩人的戀愛關係就會因此而破裂，可見接吻時兩人是否合拍是一件非常重要的事。

男性的大腦同樣也具有判斷DNA的功能，這就是他們想要深吻的理由，因為男性可以藉由舌頭感受女性唾液中的雌激素（女性荷爾蒙），進而判斷對方是否具備繁殖能力。另外，男性的唾液裡則是含有睪固酮，這是一種能夠提高女性性慾的荷爾蒙，可以潛意識地讓女性亢奮起來。因此接吻可以幫助大家判斷對方是否為合適的性伴侶，進而提高彼此的性慾。

此時大腦會關閉其他感覺，讓自己在辨識荷爾蒙的時候能更專心。但是眼睛如果一直閉著，有時反而會讓女性感到不安，因此在雙唇分開的那一瞬間，兩人要互相凝視。如此一來女性就會倍感安心，覺得自己「被眼前這個男人所愛」，同時也會更容易專注在這場性愛上。

事前是不是
應該要先洗澡？

> **A** 最重要的是氣氛與「流程」
> 要是已經進入興奮狀態，不洗也OK！

　　第一次與女性情投意合上愛情旅館時，比想像中還要困難的，就是洗澡的時機。身體清潔固然重要，但在進房之前兩人就已經慾火焚身、迫不及待了，豈還能問對方要不要洗澡？

　　也就是說，我們必須在氣氛與清潔之間做個選擇。哪一個比較重要，取決於兩人之間的關係，或者是當天的心情。不過最重要的，還是做愛的「流程」。

　　女性如果已經進入亢奮狀態，對性的渴望程度就會比男性還要強烈。最好的證明，就是還沒踏進愛情旅館，女性就已經迫不期待地向男性索吻等，想要上床的念頭已經失控。就現實來說，才一踏進房，女性就忍不住飛撲熱吻的情況更是不足為奇。

　　在這種情況之下，要是對女性說出「先沖個澡」這種話，炙熱如火的性慾就會瞬間熄滅。更何況男女若是分開進入浴室，又會讓另一方落單，在苦苦等待的過程當中，澎湃激昂的情緒恐怕會平息。

　　但這個澡若是非洗不可的話，不如鼓起勇氣，邀請對方一起洗個鴛鴦澡，這也是一個不錯的方法。但是如果女性已經是分秒都不願再等，要求你立刻一絲不掛，橫躺在床的話，那就請順從她的意願，直接跳入這片情慾之海裡吧！切記，最重要的，是兩人之間的浪漫氣氛。

月經來潮的時候可以做愛嗎？

A　生理期間陰莖插入的話，得到性感染症的風險會增加。
此時不妨選擇不需插入陰莖的愛撫方式，互相刺激情慾吧！

「對方明明正值生理期，但想上床的心卻蠢蠢欲動……」

這種情況對男性來說是一種煎熬。因為硬挺的小弟弟已經快要發射了，但是兩人之間卻擋著一面名為月事的高牆……在這種情況之下進入愛情旅館的兩個人，也不是不能做愛，其實只要在床上鋪層厚厚的浴巾，就算流出一點經血又何妨？

但是女性月事來潮時插入陰莖的話，反而會提高各種風險，因為陰道內部在生理期間免疫力會變差，抵抗力也會變弱，而且流出的血液（經血）還混雜著各種細菌。這些經血是為了將細菌排出體外而流的，要是在生理期間插入陰莖，這些經血就會流回陰道，到頭來說不定會在骨盆內部引起各種感染症。

另外，應該有不少人以為「生理期間女性不會懷孕，所以做愛可以不用戴保險套」，這其實是一種誤解。就算在月經來潮期間發生性行為，女性還是有機會懷孕的，特別是生理期即將結束的這段期間，懷孕機率會變高，因此大家要特別留意。

為此，兩人的情慾若是在女性生理期間不慎高漲，已經無法把持的話，最好的方法，就是不要插入，只用前戲來讓彼此達到性高潮。

例如愛撫陰蒂。既然正值生理期，女性當然會用上衛生棉，但是只要男性熟悉這個愛撫方式，就算隔著內褲或衛生棉，照樣可以掌握陰蒂的位置。雖然要準確刺激陰蒂有點不太容易，但是只要摩擦衛生棉的纖維，那就不成問題。一旦讓女性達到高潮，對方也會利用口交來為男性解放情慾的。

話雖如此，但有些女性在生理期非常不喜歡有人碰她。記住，在這種情況之下，千萬不要勉強對方。

陰毛是不是
要先處理整潔會比較好？

A 在乎這點的女性比想像的還要多，
既然如此，那就用電動美體刀來處理吧！

　　女性刮除陰毛是非常稀鬆平常的事，但以男性來說除非是專業的AV男優，否則應該是不太會想要去處理吧？

　　不過，男性時尚網站「男前研究所」在針對一般女性進行問券調查時，卻發現希望男性修剪陰毛的女性比想像來得多。當中榮登首冠的竟然是「希望對方能夠修一下長度」（65％），再來依序是「不要修剪比較好」（17％）、「最好全部剃光」（13％）。也就是說似乎約有八成的女性，希望男性能夠稍微處理一下陰毛。順便告訴大家的是，近年來專業的AV男優大多以剃光陰毛，或者是剪短陰毛為主流。據說只要這麼做，AV女優在口交時攝影機才會比較容易拍到她們的表情。但最重要的，就是陰毛修得短一點，享受性愛樂趣時也比較不礙事。只是從未處理過陰毛的男性，要是用自己的刮鬍刀處理的話，不是傷到肌膚，就是會殘留刺刺的感覺，這樣反而會讓女性覺得討厭。建議的處理方式，就是用可以修剪毛髮長度的電動美體刀。只要有了它，修剪陰毛長度不但變得簡單，剃過之後也不會殘留像刮鬍刀那樣的扎刺感。電動美體刀在購物網站通常只要5000日圓左右就可以買到，不敢用剪刀修剪陰毛的人務必一試。

　　或許有人會納悶「陰毛還要處理喔？」，但如果是為了讓這片性海洋溢著幸福氛圍，你不覺得這麼做其實很划算嗎？

輕解羅衫的
最佳時間點是？

A 寬衣解帶的時間點要配合前戲的流程！
「不疾不徐，緩緩游移」的焦急效果也能加分！

　　想讓前戲進行順暢，要先解決一個意外困難的問題，那就是寬衣解帶的時間點。除非兩人沖過澡，全身已經一絲不掛，否則基本上女性的衣物是要由男性來褪去的。

　　而輕解羅衫的最佳時機，就是從深情舌吻進展到愛撫脖子及胸部這個時候。只要抓準這個時機，在你的臉龐順著女性的玲瓏曲線向下游移的時候，就能夠順其自然地為女性寬衣解帶了。

　　而這個時候的重點，在於「慢慢地、一件一件地」脫下衣服，沒有必要一口氣把身上的衣物全部扒光，要一邊加強「焦急」效果，一邊讓兩人赤裸相對。身穿襯衫的人，可以趁接吻或舔舐脖頸的時候慢慢解開扣子。若是穿運動服之類的衣服，女性必須高舉雙手才能脫。此時女性若是仰躺，順勢脫下衣服恐怕要花上一段時間才行。因此，像運動服之類的衣服就算沒有在前戲這個階段全部褪去，在做愛的過程當中，只要把衣服推到鎖骨這一帶，讓酥胸裸露出來就可以了。

　　下半身也是一樣，在前戲這個階段一邊舔身、一邊往下游移的過

程當中，一件一件慢慢褪去就可以了。對方如果是穿裙子，那就一邊愛撫大腿，一邊脫下；如果是穿褲子，那就拉下拉鍊，一邊舌舔愛撫肚臍周圍一邊脫下也可以。至於內褲與胸罩，則是要等到前戲進行一段時間之後再來處理。在脫下內褲之前，先隔著一層布料，從胯下一直愛撫到陰蒂也是一種樂趣。總之要記住一點，那就是女性的衣物要在前戲進行的「過程」當中一一褪去。

那裡的氣味
令人在意……

A 女性性器其實是無臭無味的。
氣味若是太過濃烈,有可能是身體不適的訊號。

　　女性性器有時會散發出一股獨特的氣味,不少男性會因為這股氣味過於強烈,而無法專心做愛。各種問卷調查結果顯示,大多數的男性做愛的時候都會勉強自己忍受這股氣味。畢竟氣味是一個非常敏感的問題,不好當面直說。

　　就算兩人已經熟悉到可以直言,女性在被男性說自己的「小妹妹氣味有點濃」時,即使表面看似毫不在意,但內心其實還是會深受打擊的。因此當女性私處稍有異味時,最基本的處理方式就是忍。

　　其實,女性性器的氣味並沒有那麼強烈,因為陰道內有種名為杜氏桿菌(Doderlein's bacillus)的乳酸桿菌,會隨時將內部細菌排出體外。但是女性若是有腹瀉或便祕等不適症狀發生的話,腸道細菌就會非常容易進入陰道內,進而導致氣味產生。

　　另外,睡眠不足也會讓女性性器產生氣味。晚上十點到凌晨兩點是淋巴細胞較不活絡的時段,免疫力會下降。女性在這段時間若是沒有睡好的話,私處就會產生氣味。

　　女性私處的氣味若是過於強烈,極有可能是身體不適。此時與其指出氣味,不如多關心她的身體。

讓對方在前戲迅速達到高潮的方法？

A 前戲是慢工出細活，讓女性芳心緩緩融化的魔法。
欲速則不達，所以沒有捷徑可以抵達性高潮。

男性往往會因為過度專注在高潮上，而疏於享受性愛本身所帶來的樂趣。我們一再地告訴大家，這樣的性偏好是與女性的性高潮無法合拍的最大因素。

在前戲階段引導女性進入性高潮固然重要，但對她們來說，最重要的反而是慢慢享受這段銷魂時光。引導女性進入性高潮是沒有捷徑的。相反地，男性還必須花費超乎想像好幾倍的時間來慢慢愛撫，這才是最重要的。

因為對女性來說，「焦急」是有用意的。

原因之一，與前文提到的女性性高潮構造有關。一般來講，女性快感持續的時間長，也比男性容易累積歡愉感。對她們來說，得到的快感越多，感受就會越強烈。

然而一旦達到性高潮，即便是女性，快感多少都會稍微下降。因此照這個理論來講，女性只要還沒達到性高潮，快感就會無限提升。如此情況，說不定就是促成焦急效果的最大要因。

另外，不只是女性，男性也是一樣。人只要一焦急，記憶就會深深烙印在腦海裡。這種情況稱為「蔡格尼效應」（Zeigarnik effect，或稱柴嘉尼效應），也就是尚未完成的工作，比已完成的工作還要容易牢記在心，是廣告以及行銷等領域經常應用的理論。

換句話說，因為焦慮而得到的性高潮，記憶一定會比非因焦慮而達到的高潮還要來得深刻，而且這場激情還會讓人念念不忘、回味無窮。只要成功地讓女性宛如乾柴烈火、心急如焚，那麼這場屬於兩人的魚水之歡，一定會深深烙印在芳心裡。

所以就讓我們成為一個「前戲技巧爐火純青、讓女性恨不得小弟弟能趕緊登門入室，盡享床笫之歡」的男性吧！

illustration by 紅威ヨル

如何拜託對方幫自己口交？

> **A** 口交不是用拜託的，
> 是要女性自願為你做的。

　　如果對方是昭和年代（1926～1989年）出生、思想傳統，或者是毫無任何性知識可言的女性，對方說不定會告訴你：「我沒有辦法幫你口交⋯⋯」不過，這樣的人只是一小部分，近年來大家已經普遍認為口交在前戲中，是一種相當普通的玩樂方式。搞不好連男性都會認為做愛沒有口交，怎麼能算是做愛呢？

　　口交雖然是主流的性愛技術，但這算是一種屬於「奉獻」的享樂方式，基本上要女性自願才行。因此不少男性會拜託女性「用嘴巴幫我舔」。

　　但坦白說，最理想的情況應該是女性自願說出「想幫你舔」，不是嗎？此時應該留意的，是兩人身體的貼密程度。

　　前文曾提到過，就神經心理學的角度來看，人們認為女性大腦會出自本能，發出追求男性的指令。只要前戲恰如其分地讓女性的理智鬆綁，十之八九的女性一定會想要伸出手來，主動撫摸男性。

　　在這種情況之下，男性可以配合愛撫臉龐與脖子的動作，在順其自然的情況之下，將自己的陰莖貼壓在女性身體的某個部位上。而最理想的狀態，就是這個時候的陰莖已經勃起，就算不是非常硬挺也沒關係，只要讓女性知道到陰莖在觸碰就好。

　　女性在被愛撫的時候，一定會意識到陰莖的存在。只要她們亢奮起來，通常就會主動觸摸陰莖，而這就是可以口交的信號。

　　不過這個時候要繼續愛撫，讓女性的性慾再燃燒一陣子；脫下內褲之後，只要悄悄地將陰莖推到女性嘴邊，相信對方一定會忍不住把它含在嘴裡的。

Chapter.04

不知道
該如何戴保險套！

A　先了解一下保險套的構造，
　　再到影音包廂裡練習怎麼戴吧！

　　戴保險套的手法要是不夠熟練，反而會浪費許多時間。很多人在做愛的時候，往往會急到連保險套的正反面的都搞不清楚，白白浪費時間。要是在這方面花太多時間的話，原本意亂情迷的女性，搞不好會整個清醒過來。所以我們要抓準時機，迅速戴上保險套。

　　首先，要告訴大家的是戴保險套的時機。最好的時間點，就是正準備結束前戲的時候。例如當我們在舔陰時，雙手可以稍微離開，撕開保險套的包裝。

　　但要是覺得這麼做有點難度的話，那就只能在插入之前戴上保險套了。如果是這種情況，我們可以在前戲進行時稍微喘口氣，趁兩人接吻的這段時間撕開包裝。起身後在陰莖準備推向陰道口之前，一邊看準位置，一邊戴上保險套，這樣就能減少失誤了

　　另外，建議大家先了解一下保險套的結構，這樣在戴的時候比較不會失敗。

　　保險套有正反兩面，但有時光靠目視卻難以判斷，而當房裡燈光黑暗時更是如此。

　　最好的方法，就是用摸的來判斷正反面。大拇指與食指如同右頁圖片那樣，搓揉保險套表面便能知道正反面。此時保險套的外環如果是整個捲起來，就代表這一面是正面；如果整個平坦延伸，就代表這一面是反面。等熟悉了保險套的戴法，之後在不用看的情況下，就能分辨出正反面了。

　　另外，戴保險套時要特別留意服貼

●迅速戴上保險套的方法

用大拇指與食指擠出保險套頂端的空氣。環圈部分如果可以用手指推開的話，就代表這一面是正面。

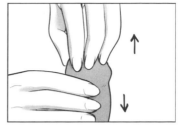

戴保險套時要雙手並用。保險套套住龜頭之後，一邊拉起龜頭，一邊將環圈往下推。

環圈推開之後再戴保險套的話，會讓空氣跑到裡面，這樣反而會無法服貼在陰莖上，要注意。

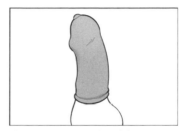

確認環圈是否整個推到底部。只要陰莖感覺服貼，就可以直接插進陰道。

感。因為要是有空氣跑進去的話，保險套可能會在陰道內部脫落。必須如圖所示一般，戴上的時候將整個龜頭包起來才行。

為了熟悉保險套的結構以及戴法，建議大家到影音包廂裡練習。這種店常常打著「愛情旅館是競爭對手！」的華麗招牌，而且多數的店家只要跟他們租借成人DVD，通常就會附贈保險套。因此只要到影音包廂練習，就不用擔心會被人看見，而且還能夠藉由戴保險套自慰這個方式，事先了解戴保險套是什麼樣的感覺。順便告訴大家，做愛時不戴保險套的男性，通常都會被女性討厭，這一點要多加留意！

參考文獻

- ●《女性脳の特性と行動》 Louann Brizendine パンローリング
- ●《男と女のアドラー心理学》 岩井俊憲 青春出版社
- ●《やっぱり知りたい「H」な疑問》 廣済堂
- ●《彼と彼女の科学的恋愛診断》 藤田徳人 三笠書房
- ●《女の一生の「性」の教科書》 河野美香 講談社
- ●《男が知りたい女のからだ》 河野美香 講談社
- ●《女性の医学大全科》 主婦の友社
- ●《セックスレスの精神医学》 阿部輝夫 筑摩書房
- ●《ヴァギナ 女性器の文化史》 Catherine Blackledge 河出書房新社

ZENGIOU SOUNYUU YORI DAIJI NA SEIKAN NO TORISETSU
© KYOUJI SUZUKI 2019
Originally published in Japan in 2019 by SANWA PUBLISHING CO.,LTD.,TOKYO.
Traditional Chinese translation rights arranged with
SANWA PUBLISHING CO.,LTD.,TOKYO, through TOHAN CORPORATION, TOKYO.

前戲王
比猛烈抽插更重要的事，性高潮激愛技巧說明書

2021年6月1日初版第一刷發行
2023年4月1日初版第三刷發行

編　　者	MANIAC LOVE研究會
著　　者	鈴木亨治
封面插畫	柾見ちえ
插　　畫	庄司二号／紅威ヨル／蒼井遊美／urute／有一九
譯　　者	何姵儀
主　　編	陳其衍
發 行 人	若森稔雄
發 行 所	台灣東販股份有限公司
	＜地址＞台北市南京東路4段130號2F-1
	＜電話＞(02)2577-8878
	＜傳真＞(02)2577-8896
	＜網址＞http://www.tohan.com.tw
郵撥帳號	1405049-4
法律顧問	蕭雄淋律師
總 經 銷	聯合發行股份有限公司
	＜電話＞(02)2917-8022

著作權所有，禁止翻印轉載
Printed in Taiwan
購買本書者，如遇缺頁或裝訂錯誤，
請寄回更換（海外地區除外）。

國家圖書館出版品預行編目資料

前戲王：比猛烈抽插更重要的事，性高潮
激愛技巧說明書／MANIAC LOVE研究會
編；鈴木亨治著；何姵儀譯. -- 初版. -- 臺
北市：臺灣東販股份有限公司, 2021.06
128面；14.8 × 21公分
譯自：前戲王：挿入より大事な性感のトリ
セツ
ISBN 978-626-304-623-8(平裝)

1.性知識 2.性行為

429.1   110006691